ポットブックス

まいにち元気!

4歳児のあそびBook

チャイルド本社

まいにち元気！ 4歳児のあそびBOOK

Contents

4月のあそび

5月のあそび

6月のあそび

7月のあそび

8月のあそび

9月のあそび

運動会種目

10月のあそび

11月のあそび

12月のあそび

1月のあそび

2月のあそび

3月のあそび

タッチで呼ぼう！

ねらい

名前を呼んだり、呼ばれたりする遊びで、友達と触れ合って遊ぶ。

1 子どもたちは円になって座り、手拍子しながらうたいます。保育者は時計回りに歩きます。

だーれか…
ゆいちゃん
♪だーれかな

「♪だーれかな」の「♪な」のときに、保育者は目の前にいる子の名前を言い、背中にタッチをします。

2 タッチをされた子は、保育者といっしょに歩きます。

♪ターッチ　タッチ　だれに　タッチ

3 1と同様に、「♪な」のときに、目の前にいる子の名前を言ってタッチをします。

次は呼ばれるかな？
はい！
だーれか…な
さきちゃん

タッチをした子は、タッチをされた子と入れ替わって、2と同様に繰り返して遊びます。

タッチで呼ぼう！

（作詞・作曲／渡辺リカ）

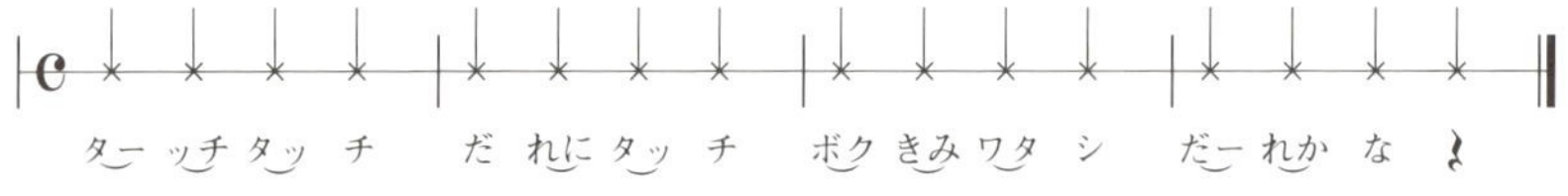
（手拍子）
ターッチタッチ　だれにタッチ　ボクきみワタシ　だーれかな

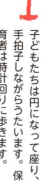

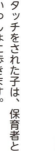

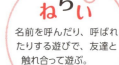

みんなで合体電車

前の子の肩に手を置き、保育者の言葉かけに合わせて、電車になったつもりで遊びます。

ねらい

電車になったつもりで、友達と列を作り、いっしょに遊ぶ楽しさを味わう。

合体電車
出発進行！

新幹線
速いぞー！
わー！

つながったまま、速さを変えて進みます。

トンネル
くぐろう！

ピタッ
駅に到着！

その場で止まります。

「ジグザグ電車」「ぐるぐる電車」「ピョンピョン電車」など、かける言葉と動きを変えて繰り返し遊びましょう。

まねまね冒険

ねらい

保育者のかけ声をよく聞き、体全体を使ってのびのびと遊ぶ。

1 三種類のポーズを覚えます。

● はちさんが来たら…
しゃがむ
● ぞうさんが来たら…
かけ足
● へびさんが来たら…
ジャンプ

2 保育者の「出発」の合図で足踏みを始め、「ぞうさんが来たぞ！」などのかけ声に合わせてポーズをします。

…と思ったら、
いなかったー
ぞうさんが
来たぞー！
おっとっと
なーんだ
はちさんが
来たぞー！
わー

引っかけや連続したポーズなどを
取り入れても盛り上がります。

キャー
ジャンプ
ジャンプ
へびさんが
来た！
たいへん！
いっぱい
きたぞー！
ジャンプ
ジャンプ

ぐるぐる回転ずし！

ねらい

友達といっしょにルールを守って遊ぶ楽しさを知る。

1

保育者は内側の円の中に立ち、外側の円を走る子どもたちを捕まえます。

みんなはおすしで、先生は食べる人になります
まぐろが食べたいな
たまごもいいなぁ…

2

捕まえられた子どもは、内側の円に入ります。友達が手にタッチをすると外側の円に戻ることができます。

わー！
タッチ！
捕まえた！いただきまーす
捕まえられた子
キャッ
ありがとう！戻れるー
あっ！助けてあげなきゃ

綿毛がふわり

ねらい

身近な素材を使って、体を思い切り動かしながら遊ぶ。

1

子どもたちは、レジ袋の綿毛と、うちわを持ちます。

綿毛
レジ袋に油性のペンで
綿毛の絵を描きます。
今から綿毛を
飛ばしますよ

2

保育者の合図で、うちわであおいで綿毛を飛ばして遊びます。

落とさない
ようにね
飛んでけー！
おっとっと！

お池おにごっこ

ねらい

池の生き物になったつもりで、保育者と限られたスペースでのおにごっこをする。

1

地面に大きな円を描いて「池」とし、その中に小さな円を描いて「島」とします。子どもたちは、池にいる生き物になります。

池
島
池の生き物になってね
めだか！
かえる！
かめ！
おたまじゃくし
ぼくは…

2

保育者がおにになり、子どもたちは池の生き物になったつもりで逃げます。捕まえられたら島の中に入ります。

逃げちゃおうかな？
めだかちゃん待てー！
キャー

捕まえられた子どもは島から逃げてもかまいません。
池の形をいろいろ変えて遊んでも楽しいでしょう。

のりのりジョニー

ねらい

うたいながら自由にダンスをするおもしろさを味わう。

1

好きなポーズで自由に踊ります。（2番〜4番も同じ）

♪わたしのすてきなジョニー（ジョニー！）
わたしのだいじなジョニー（ジョニー！）
ジョニーはようきなおとこのこ
（1番♪いつもーくびをふっている）
♪わたしのすてきなジョニー（ジョニー！）
わたしのだいじなジョニー（ジョニー！）
ジョニーはようきなおとこのこ
（2番♪いつもーうでをふっている）
（3番♪いつもーあしをふっている）
（4番♪いつもーこしをふっている）

2

同じメロディをラララ…でうたい、その間、歌詞に合った振り付けをします。

1番
（♪いつもーくびをふっている）

2番
（♪いつもーうでをふっている）

3番
（♪いつもーあしをふっている）

4番
（♪いつもーこしをふっている）

のりのりジョニー

（作詞・作曲／蝶間林裕美・小磯真弓）

D D7 G G7
1.〜4.わたしのすてきな ジョニー ー(ジョニー！) わたしのだいじな ジョニー ー(ジョニー！)
Em F♯m G A D
ジョニー ー はようきな おとこのこ
いい つもーくびを ふっている
いい つもーうでを ふっている
いい つもーあしを ふっている
いい つもーこしを ふっている

同じようにできるかな？

ねらい

保育者の指示をよく聞きながら、体を動かす楽しさを味わう。

1 円を3つ描き、子どもたちは円の中に入ります。

はーい！
赤チームさん！
赤チーム
青チーム
黄チーム

2 まずは、3チーム一斉に保育者と同じ動きをします。

先生のまね
できるかな？
みんなで
10回ジャンプ！
ピョン！ ピョン！

3 次に、指名されたチームだけが、同じ動きをします。

片足バランス
できるかな？
はい！
青チーム
うわぁ！
おっとっと

まずは保育者が動いて見せてから、1チームをいきなり指名します。
指名するチームを替えて、繰り返し遊びましょう。

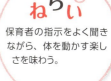

離すな！こいのぼり

ねらい

こいのぼりになったつもりで指示に合わせて動いたり、手を離さないようがんばって遊ぶ。

1 ロープを持つ係を2人決めます。他の子どもたちは、「こいのぼり」になったつもりで、うつ伏せでロープを握ります。

♪そのてを　はなすな
こいのぼり

「こいのぼり」のメロディに合わせて、
「♪そのてをはなすな　こいのぼり」と全員でうたいます。
2 こいのぼり役の子は、保育者の言葉に合わせて動いたり、ロープから手を離さないようにがんばります。

きょうはいい天気です
こいのぼりは元気に
泳いでいます
バタバタ

こいのぼりが元気に泳いでいるかのように、足をバタバタさせます。

そこへ虫がツンツン
やって来ました！
くすぐったい
がんばって！
手を離さない
ようにね！

保育者が子どものおなかや背中をつつきます。
誰かが手を離したら、ロープを持つ係と交代して、繰り返し遊びましょう。

●歌●
「こいのぼり」（作詞／近藤宮子　作曲／不詳）

お友達の輪つなぎリレー

クラスを2チームに分けます。各チームの先頭の子がフープを持ち、スタートの合図で頭からくぐって、後ろの子に渡します。

わたしが
最後だよ
どっちが
早いかな？
ドキドキ
はい！
よいしょ
がんばれ！
スタート

先に全員がフープをくぐり終えたチームの勝ちとして遊びます。

ねらい

チームに分かれ、仲間同士で応援し合いながら、リレー遊びを楽しむ。

もぐらの家探し

1

園庭にもぐらの家を描きます。子どもたちは紅白の2チームに分かれて、中央の丸の中で「スタート」の合図を待ちます。

用意はいいー？
はーい
もぐらの家

もぐらの家は、子どもたちの人数より少なくしましょう。１つの家に入れるのは１人です。

ねらい

周りの状況をよく見て、チーム対抗の遊びに参加する。

2

保育者の合図で、一斉にもぐらの家の中に入ります。入れなかった子は、相手チームの子とじゃんけんをし、勝ったらその家に入れます。

スタート！
じゃんけんぽん！
空いてる！
勝った！
負けた
やった！
入れた

負けた子は、他の相手チームの子とじゃんけんをします。制限時間を決めて、
最後にもぐらの家にたくさん入っていたチームの勝ちとして遊びます。

だんごむしおにごっこ

ねらい

何度も復活できるおにごっこで、元気いっぱい走り回って遊ぶ。

1

保育者がおにになり、子どもたちはタッチされないように逃げます。

待てー！
逃げなきゃ
逃げろー
うわっ！
きゃー！

2

おににタッチされたら、その場で座って丸くなり、10数えます。数え終わったら、再びゲームに参加できます。

逃げろ！
タッチ！
1、2、3…
10数えた
から復活！
8、9、10！
6、7、8…

倒して立てて

1

子どもたちを2チームに分けます。保育者の合図でスタートし、丸めた新聞紙の棒でペットボトルを倒していきます。

よーい、
スタート！
折り返し地点
大型の積み木などを
３つ重ねます。
えいっ！
急げ急げ！

コースの途中に小石を入れたペットボトル（2L を 1 本、500mL を 2 本）を立てておきます。

ねらい

チーム対抗戦であることを意識し、チームのためにがんばるという意欲をもって遊ぶ。

2

折り返し地点を回ったら、倒したペットボトルを立てながら戻り、次の子にバトンタッチします。

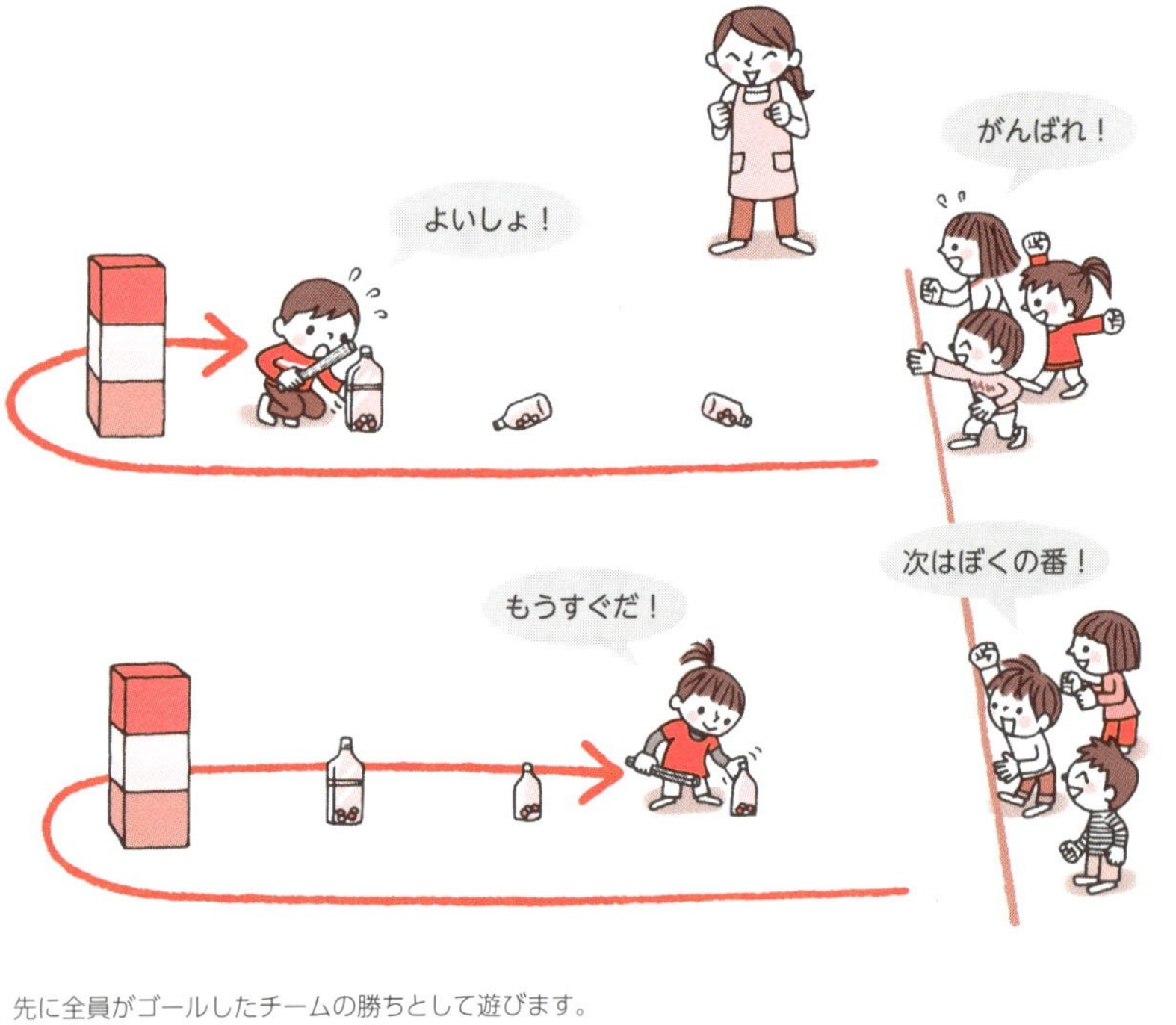
がんばれ！
よいしょ！
次はぼくの番！
もうすぐだ！

先に全員がゴールしたチームの勝ちとして遊びます。

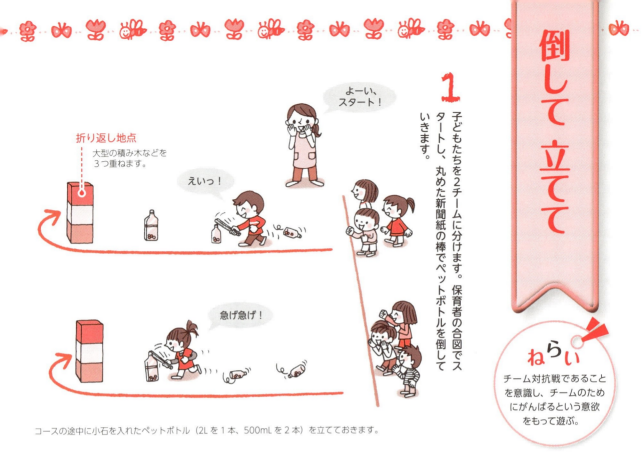

フープでサイクリング

コース上にさまざまな障害物を作り、フープを転がしながら進みます。

ねらい

速く転がすだけでなく、変化のあるコースで確実に転がせる方法をくふうしながら走る。

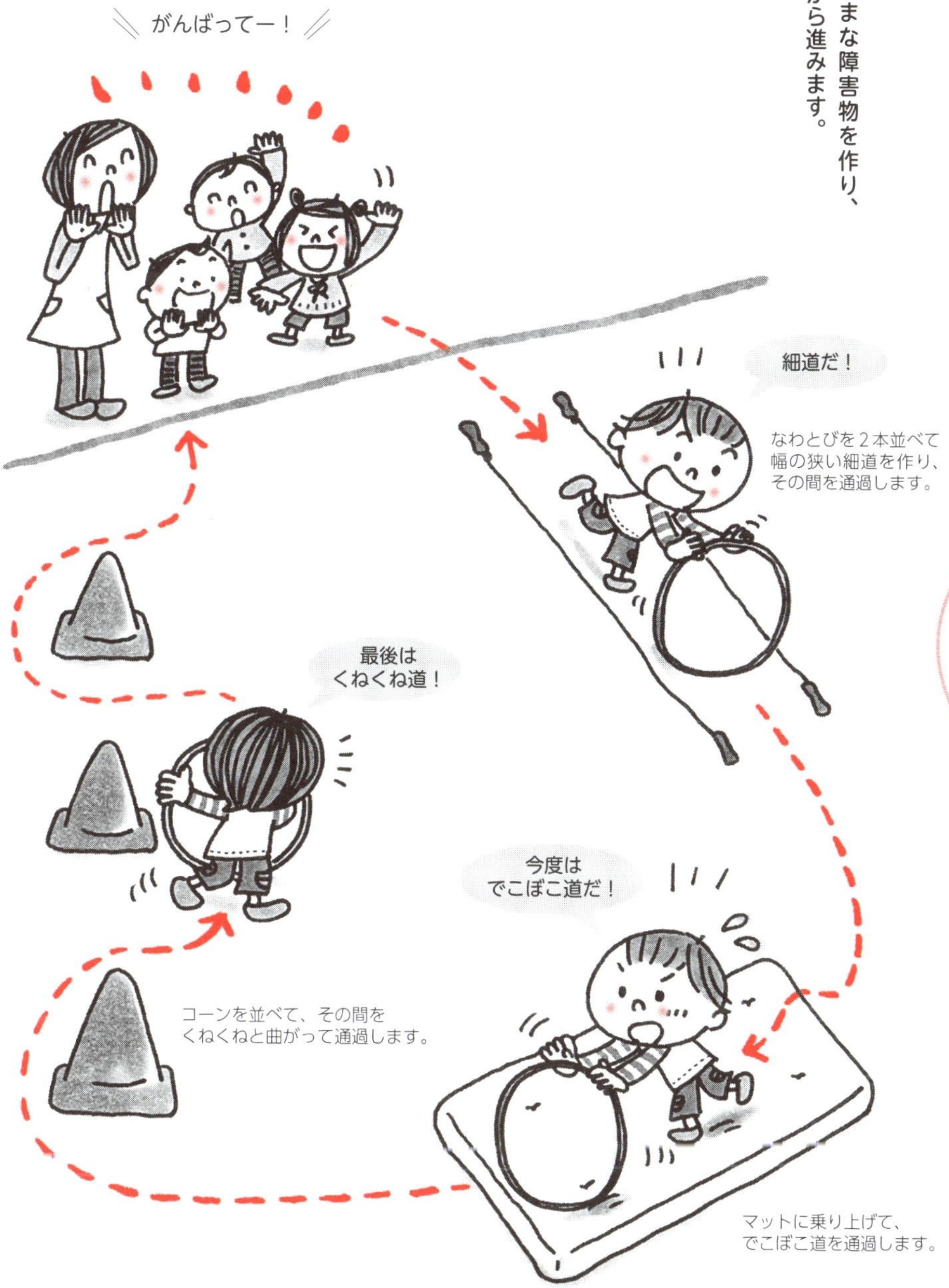
がんばってー！
細道だ！
なわとびを２本並べて
幅の狭い細道を作り、
その間を通過します。
最後は
くねくね道！
今度は
でこぼこ道だ！
コーンを並べて、その間を
くねくねと曲がって通過します。
マットに乗り上げて、
でこぼこ道を通過します。

くるくるフライングディスク

ねらい

目的の場所に入れる投げ方、力の入れ方、方向などを考えながら遊ぶ。

フープを3～4個置き、3ｍくらい離れた所からくるくるフライングディスクを投げ入れて遊びます。

くるくるフライングディスクの作り方

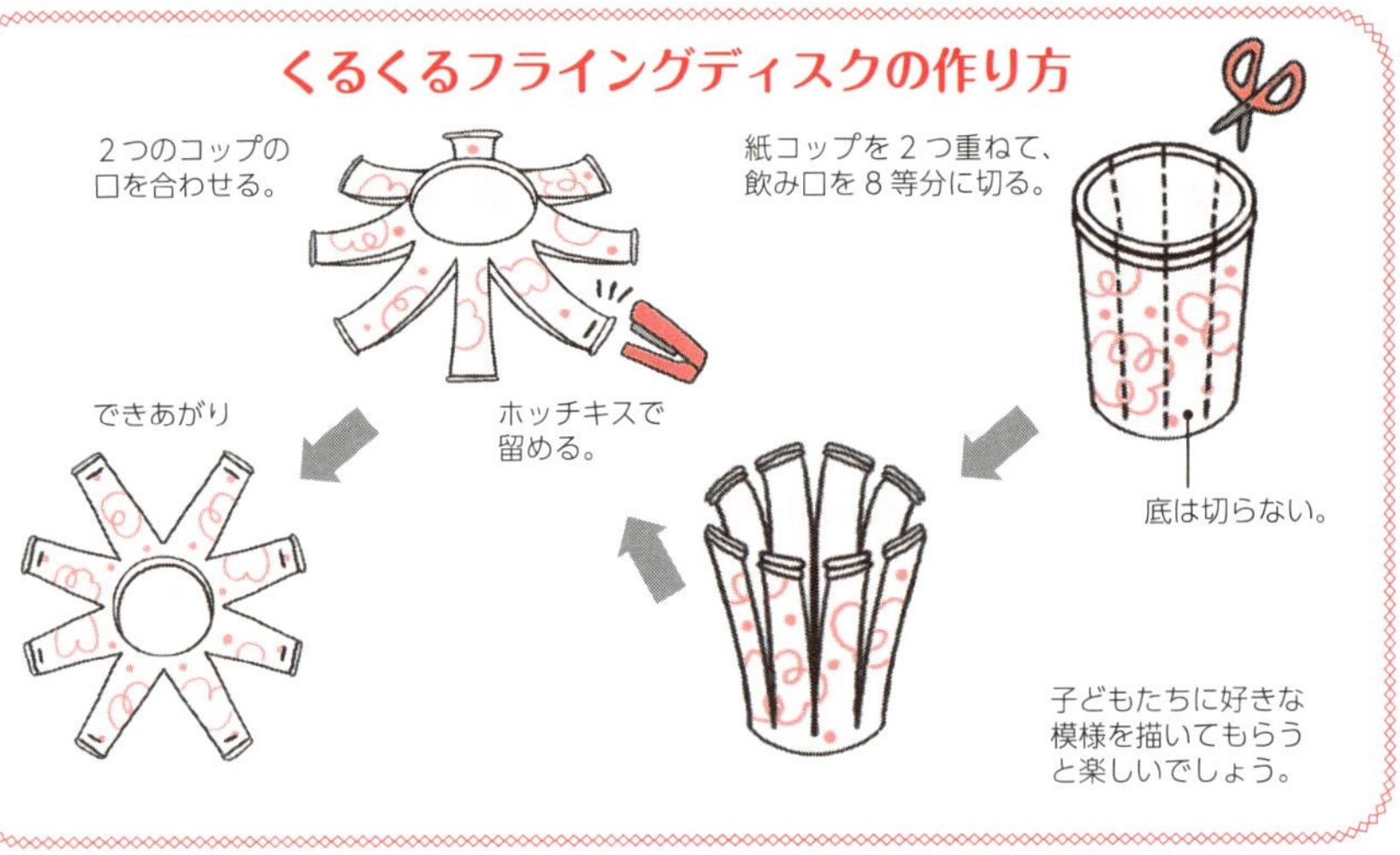
紙コップを２つ重ねて、飲み口を８等分に切る。
底は切らない。
子どもたちに好きな模様を描いてもらうと楽しいでしょう。
２つのコップの口を合わせる。
ホッチキスで留める。
できあがり

えいっ
くるくる
入ったー！
ストン
よーし
よく狙ってね

フープとの距離を変えたり、大きさの違うフープがあれば、大小交ぜたりしてもよいでしょう。

お魚釣れたかな？

ねらい
釣りざおを選ぶドキドキ感と、釣ったときの満足感を味わう。

1 子どもたちの中から「魚」役と「釣り」役を3人ずつ決めます。

魚役
見ないようにね！
「魚」役は、色画用紙と輪ゴムで作ったお面を着けます。
どの魚が釣れるかな？
釣られるかな？
布をかけて隠します。
丸めた新聞紙にビニールテープ（赤・青・黄）を巻き、ひもを付けます。
釣り役

「釣り」役は後ろを向きます。「魚」役はお面を着けてうつ伏せになり、1人は釣りざおのひもをしっかりと握って手元を隠します。他の子はひもを握っているふりをして、同様に手元を隠します。

2 「釣り」役は1人ずつ遊びます。赤・青・黄の釣りざおの中から好きな釣りざおを選んで引っ張ります。

釣れたね！
釣られた！
すごい！
えい！

保育者の「せーの」のかけ声で釣りざおを引っ張ります。保育者はそのタイミングで布を取ります。魚が釣れたら当たり！　釣れなかったら外れです。次の「釣り」役にバトンタッチし、1から同様に遊びます。「釣り」役と「魚」役を交代して、繰り返し遊びましょう。

雨降りダンス

お話のなかに出てくる、音に合わせた動きをして楽しみます。ピアノ伴奏をつけると、さらに雰囲気が盛り上がります。

ねらい

雨に強弱があったり嵐をともなったりすることを表現して遊び、季節の自然に興味をもつ。

お話『散歩の途中に』

みんなで散歩に出かけましょう。
しばらく歩いていると、雨が『しとしと』と降ってきました。
すると、だんだんと強くなり『ザーザー』と降り始めました。
突然、雷が『ゴロゴロ』と鳴りました。
強い風も『ビュービュー』と吹いています。
嵐です！ 雨が『ザーザー』、雷『ゴロゴロ』、
風も『ビュービュー』で、天気は大荒れです。
あれ？ 『シーン』と静かになりました。
空を見上げると、きれいな『虹』が見えました。

雨の作り方

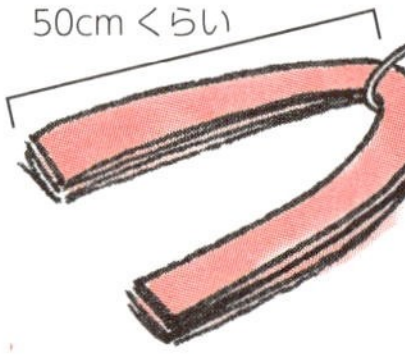
50cm くらい
輪ゴムを通す。

スズランテープ４本に輪ゴムを通し、半分に折る。

両手の中指に輪ゴムを通す。

セロハンテープで巻き留める。

スズランテープを細かく裂く。

ゴロゴロ

ドスドス

力強く足踏みをしながら、両手を上下に激しく振ります。

ザーザー

両手を上下に激しく振ります。

しとしと

両手を上下に優しく振ります。

虹

ジャーン 虹！

手をつないで上へ上げます。

シーン

うつ伏せになって床に寝転がります。

ビュービュー

両手を大きく振り回しながら、体を１回転させます。

ポリシートで雨あそび

ねらい

梅雨に関心をもち、友達といっしょに製作し、遊ぶことを楽しむ。

1

窓際にポリシートを留めます。窓の外の景色を見ながら、油性ペンで雨粒や雨の線を描き込みます。

みんなで
雨を描いてね

2

描き終わったら、ポリシートの端をみんなで持って、上下にバサバサ振ります。歌をうたってリズムをとるとよいでしょう。（例：♪雨ふり　♪かえるの合唱　など）

3

ポリシートが上に持ち上がっている間に、中に潜り込みます。ポリシートの端を握ったままで外側を向くと、大きな傘の中にいる気分が味わえます。

せーのっ！　今だー！　入れー！
大きな傘の
中みたい!!
わー!!

大きなかたつむり

ねらい

役割を分担しながら、友達と協力して遊ぶことを楽しむ。

1

クラスを2つのチームに分け、かたつむり役を1人ずつ決めます。

かたつむりになりたい人

2

かたつむり役はチームの真ん中で、床に両手と両ひざをつきます。

かたつむり役

3

保育者の合図で、自分のチームのかたつむり役の背中にクッションを重ねて載せます。どのチームが多く重ねられるかを競って楽しみます。

かたつむりの背中にたくさんクッションが載ったチームの勝ちだよ
よーいスタート !!
おっと！
まっすぐ重ねよう
クッションは両チームの真ん中に置きます。
まだ重くないよ
かたつむり役
もう届かないよ
椅子持ってきたよ

急げ !!
どう？
崩れる～
かたつむり役
動いちゃダメ

当てっこでんでんむし

ねらい
かたつむりをイメージしながらうたって踊り、当てっこゲームを楽しむ。

1

歌に合わせて、手足を動かして遊びます。

❶♪でんでん
むしむし
かたつむり

手のひらを広げて両腕を大きく回します。

❷♪おまえの　あたまは
（2番♪おまえのめだまは）

右手の人さし指で前をさし、1番は頭を2回つつきます。2番は手で筒を作り、目に当てます。

❸♪どこにある

左手の人さし指で❷と同様にします。

❹♪つのだせ

両手をグーにして頭の上に載せ、しゃがみます。

❺♪やりだせ

両手の人さし指を立てて、腕を上前方に伸ばして立ち上がります。

❻♪あたまだせ
（2番♪めだまだせ）

1番は手のひらを頭に当て、2番は手の筒を目に当てて体を左右に揺らします。

2

うたい終わったら、保育者の「でんでん〜むし！」というかけ声に合わせ、「むし」の部分で全員が一斉に「つの」「やり」「あたま（2番はめだま）」いずれかのポーズをし、同じポーズだったら勝ちというゲームを楽しみます。

•歌•
「かたつむり」（文部省唱歌）

逃げろアメンボたち

ねらい

アメンボになったつもりで、捕まらないように逃げ回る楽しさを味わう。

1

子どもたちは、膝を床につかずにアメンボのポーズをします。

みんなは
アメンボになります
手と足をついて
アメンボの
ポーズだよ！
逃げられるのは
水たまりの中だけよ

2

保育者はおにになり、〝アメンボ〟たちを捕まえます。

水たまり
ビニールテープを貼ります。
“網”にタッチされたら
“虫かご”に入ります
こっちは
安全だよ！
網
金魚すくいに使うようなポイの形を新聞紙で作ります。
こっちおいで～!!
キャッ
がんばれー
虫かご
捕まった子どもは“虫かご”の中で応援します。

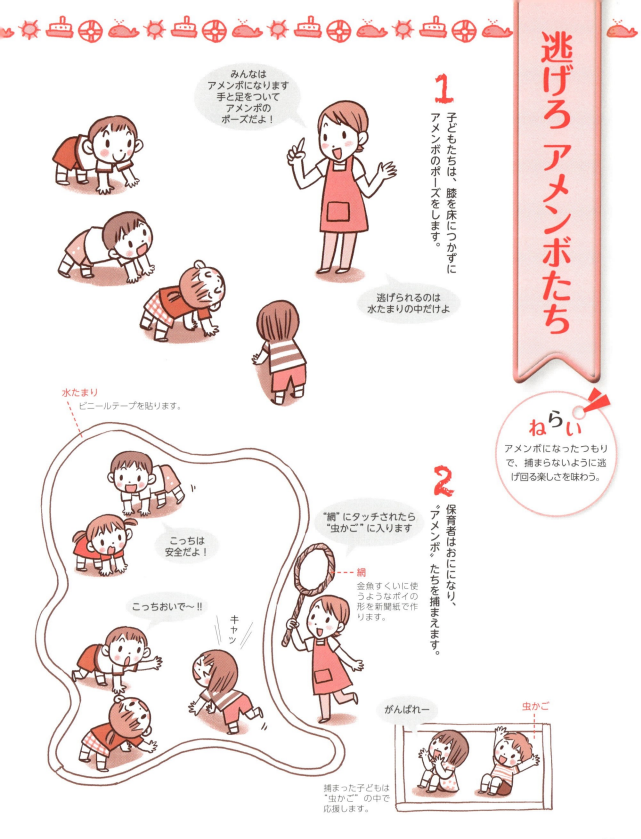

まねっこ雨散歩

雨の日にちなんだ物や生き物になったつもりで、園庭を散歩します。

ねらい

季節を感じながら、いろいろな物や生き物のまねをして遊ぶ。

滑り台まで
かたつむり
みんな、まねして
やってね
ジャングルジム
まで傘になって
お散歩だよー
ニョキニョキ
わたしも、次、
先頭やりたーい！
砂場まではみんなで
あじさいになって！
うんていまでは
アメンボー
スーイスイ
水たまりまで
かえるさんになろう
ピョン
ピョン

慣れてきたら子どもが交替で先頭になり、表現する物やポーズを考えてもいいですね。

くぐれトンネル

子どもたちを2チームに分けます。各チーム2人ずつトンネル係を決め、新聞紙トンネルの両端を持ちます。スタート地点から1人ずつスタートし、トンネルを破かないようにくぐり抜け、ゴールを目指します。

ねらい

新聞紙を破かないようにくぐり抜けるスリルを楽しみながら遊ぶ。

スタート
がんばれ！
破かないようにね
上手！
トンネル
新聞紙に
穴を開けます。
ゆっくりね！
うわぁ！
トンネルが
破れてしまったら、
先生の所へ来てね！
テープで直すよ
早く早くー！
やった！
早く
ゴール

全員がトンネルをくぐってゴールまで到達できたら、トンネル係も新聞紙を持ったまま、ゴールを目指します。早く全員がゴールできたチームの勝ちとして遊びます。

タワーを狙え！

5～7人のチームに分かれ、バリアラインの中に並べたペットボトルのタワーにボールを当てて倒す早さを競います。

ねらい

タワーを倒すという目標に向かってボールをけり、うまく倒せたときの達成感を味わう。

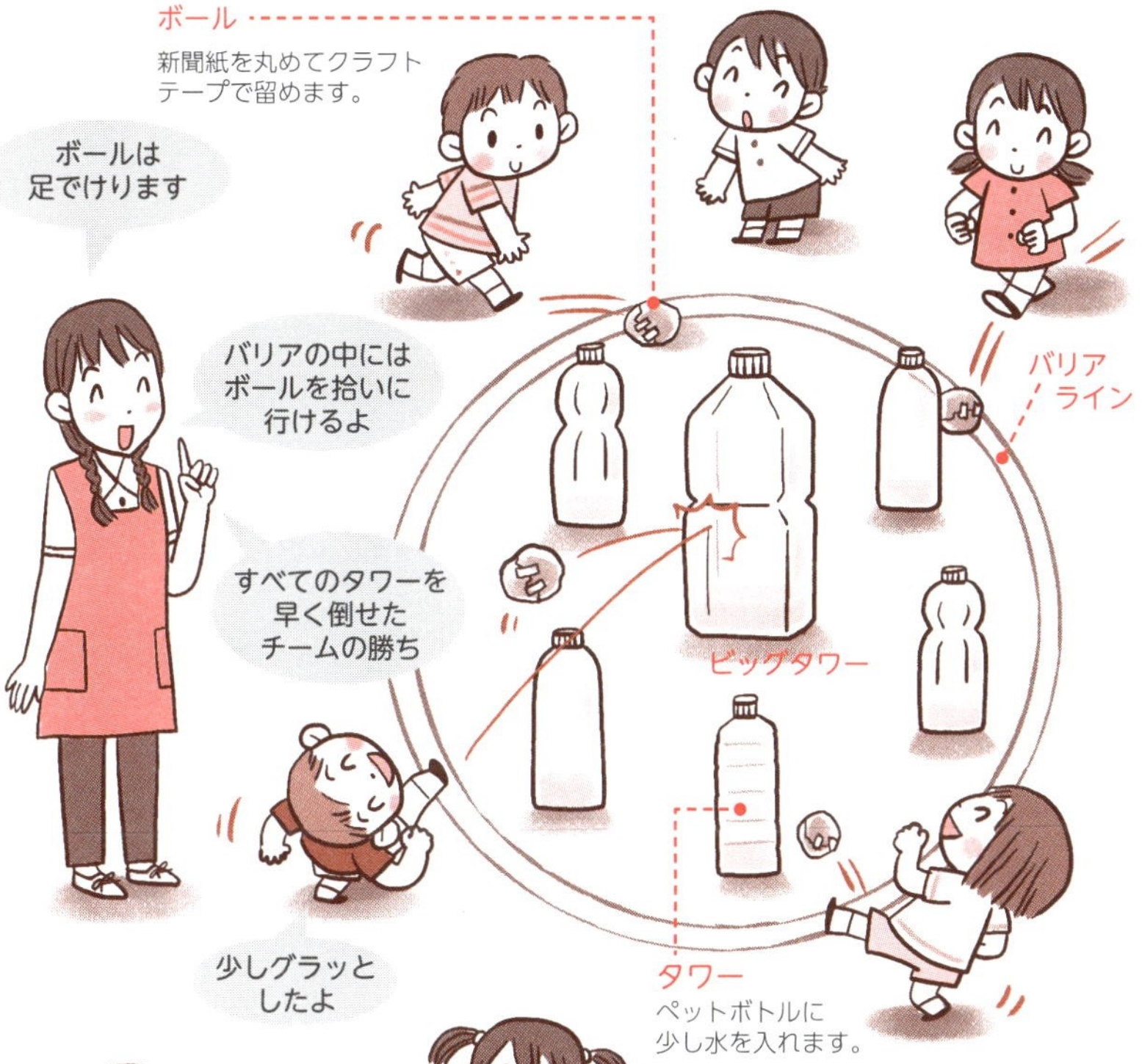
ボール
新聞紙を丸めてクラフトテープで留めます。
ボールは足でけります
バリアの中にはボールを拾いに行けるよ
すべてのタワーを早く倒せたチームの勝ち
バリアライン
ビッグタワー
少しグラッとしたよ
タワー
ペットボトルに少し水を入れます。

よーし
やったー1本倒した！
近いタワーから当てるといいよ
ボール待ってー！

タワーの水の量を増やすと倒す難しさが増します。

織姫・彦星会えるかな？

ねらい

季節の行事に親しみながら、同じ色の指輪をした友達を探す遊びを楽しむ。

1

保育者は子どもたちに指輪を配ります。子どもたちは指輪を好きな指にはめ、他の友達に見せないように、片手で隠します。

ゴールエリア
ビニールテープを貼ります。
見せないよ
お友達に見られないようにね！
内緒だよ

指輪は折り紙を細長く切り、輪にしてセロハンテープで留めます。1色2個ずつとして、子どもたちの人数分作ります。

2

「スタート」の合図で歩き回り、相手を見つけます。「織姫・彦星会えるかな？」と唱え、「な？」のときに指輪を見せ合います。

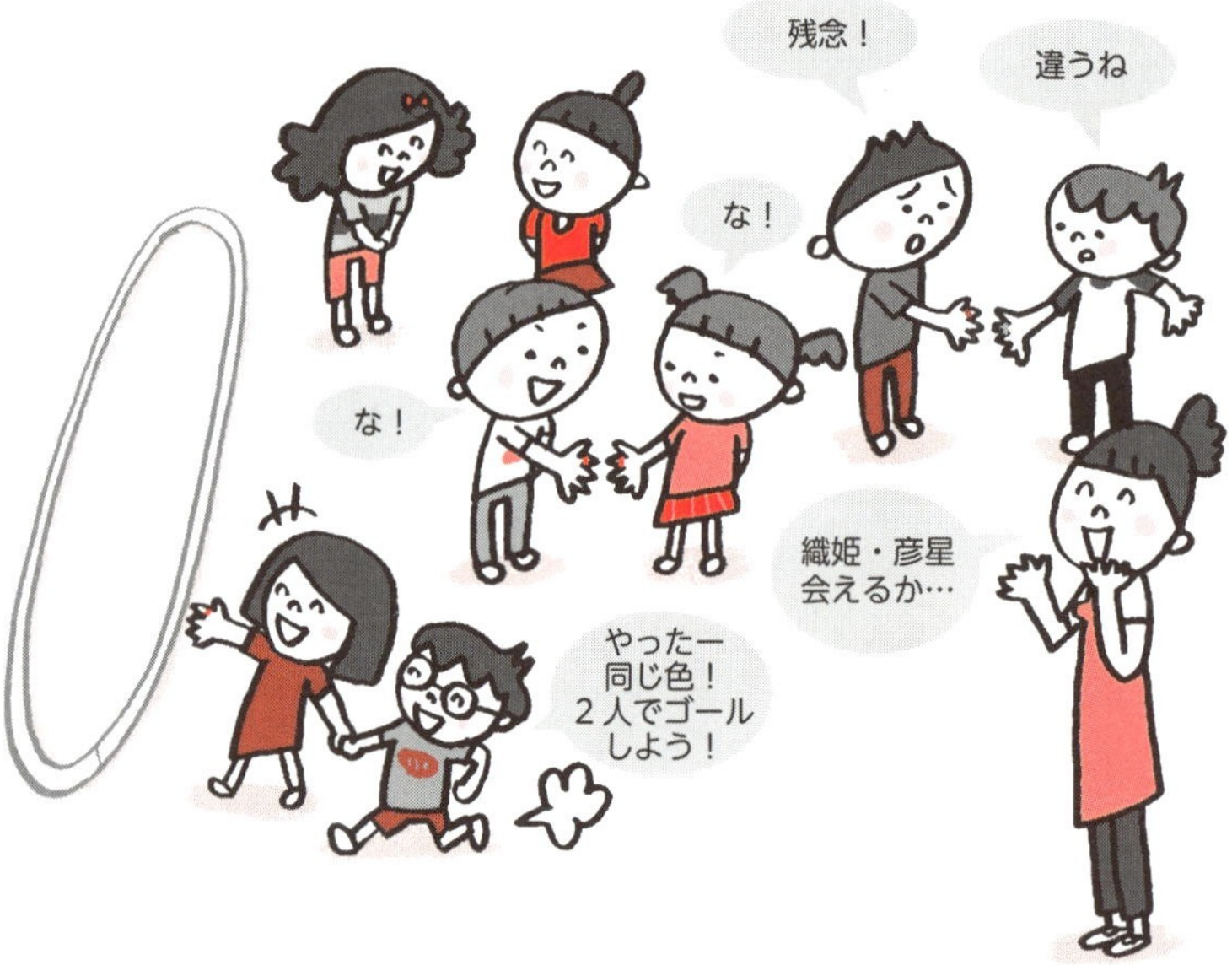
残念！
違うね
な！
な！
織姫・彦星会えるか…
やったー同じ色！2人でゴールしよう！

同じ色の指輪だった場合は、2人で手をつないでゴールエリアへ移動します。
色が違ったら、もう一度繰り返して、同じ色の指輪の子を探します。

4月
5月
6月
7月
8月
9月
10月
11月
12月
1月
2月
3月

びっくらこいた

ねらい

歌に合わせてテンポよく体を動かして、ゲームを楽しむ。

1

すいか・花火・おばけ…と夏ならではの3大テーマをうたって遊びます。

❶♪すいかたべて　スイ

「♪スイ」のところで水をかくポーズ。

❷♪はなびが　ドン

「♪ドン」のところでバンザイ！

❸♪おばけがヒューとでた

「♪ヒューとでた」のところでおばけポーズ。

❹♪びっくらこいた
ハー　スイ（ドン・ヒュー）

スイ

胸の前で腕を交差してから、❶❷❸の３つのポーズのうち１つを選び、元気よくポーズ！

2

保育者対子どもで、ポーズゲームにして遊んでみましょう。最後のポーズが保育者と同じになったら負けで座ります。何度も繰り返し、最後まで残った子がチャンピオンです。

ドン
ドン
同じポーズは
負け
負けたー
スイ
ヒュー

びっくらこいた

（作詞・作曲／犬飼聖二）

C
Dm
C
Am
G7
C
すい かたべて スイ
は なびが ドン
お ば け が ヒュー とでた
びっくらこいた ハー
スイ
（ドン
ヒュー）

登ろう！ 潜ろう！

ねらい
新聞紙を山や海に見立てて、緊張しながら歩いたり潜ったりすることを楽しむ。

1
新聞紙を、保育室よりひと回り小さいくらいの大きさに貼り合わせて、保育者が先頭になって歩きます。

新聞紙の山を越えます
ゆっくり歩かないと
破れてしまいますよ
そーっと

最初は新聞紙を山に見立てて、「高くて険しい山です。ゆっくり行かないと山が崩れちゃう！」などと言って盛り上げましょう。

2
山越えが成功したら、「次は海底探検に行こう！」と言って、新聞紙の下に潜って進みます。

お魚いるかな？
ここは海！
海底探検ですよ
海の中だー
ガサガサ

新聞紙を海に見立てて遊びます。宝物を描いたカードを新聞紙の下に隠しておき、探してもよいですね。

海底探検隊

ねらい
周りの物が青く見えることで、海底にいる気分を味わい、ごっこ遊びを楽しむ。

1 子どもたちと海の中や海の底について話し合います。

海の底ってどうなっているんだろう？
海にはなにがいるかな？
大きいお魚がいるよね
たこさんがいる！
岩があるよ

2 潜水具をかぶって、保育室の中を海底を歩いているようなつもりで歩き回ります。

潜水具
紙袋の１面を切り取り、青いカラーセロハンを貼って作ります。
海底の岩やサンゴ
大型積み木などを置き、岩やサンゴに見立てます。
わ～
岩やサンゴがあるかしら
これで海の中を探検します
お魚どこだー
海の中を歩いているみたい

おばけシャワー

スタートの合図で、おばけシャワーの水〝光線〟に当たらないようにゴールまで走ります。

ねらい

水を使った遊びを楽しみ、水に親しむ。

おばけシャワーの作り方

水を入れると袋が伸びるので、おばけの絵は大きく描いて、子どもたちにわかりやすくしましょう。

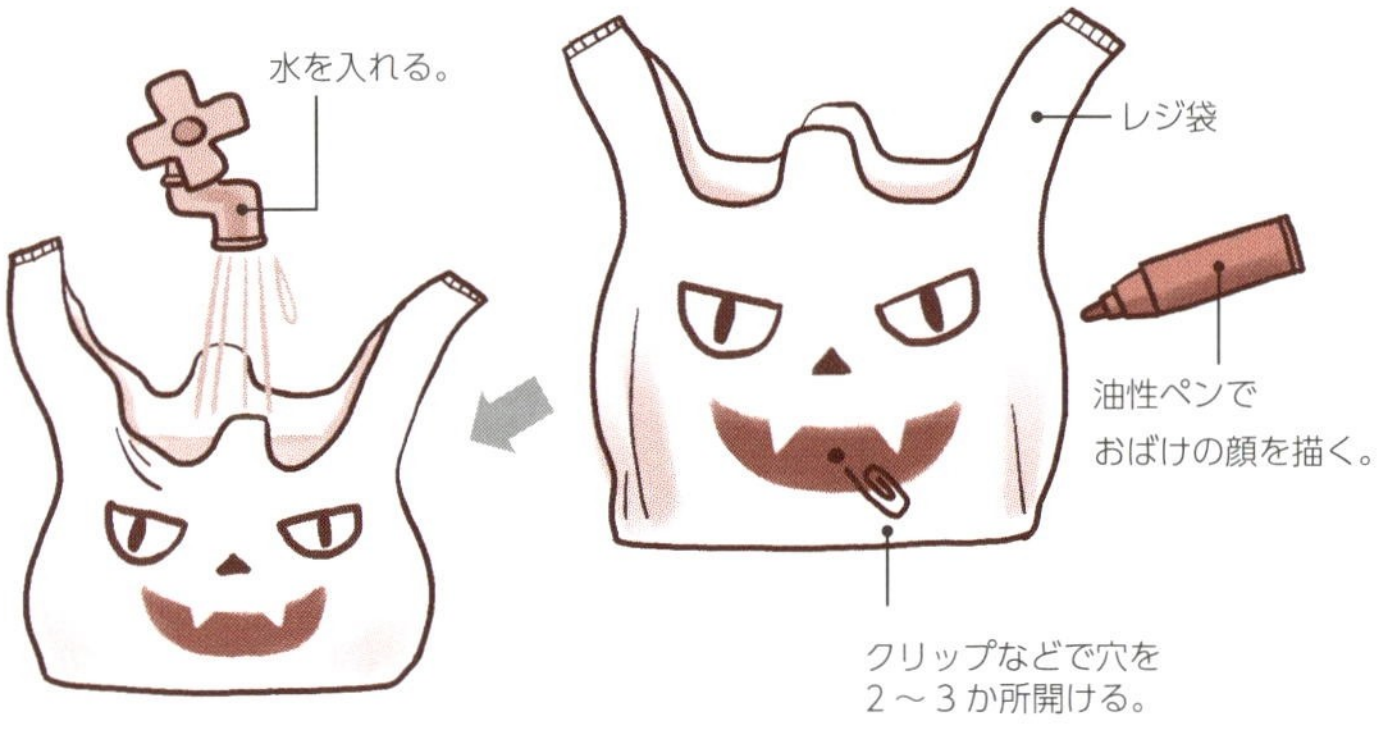
水を入れる。
レジ袋
油性ペンで
おばけの顔を描く。
クリップなどで穴を
２～３か所開ける。

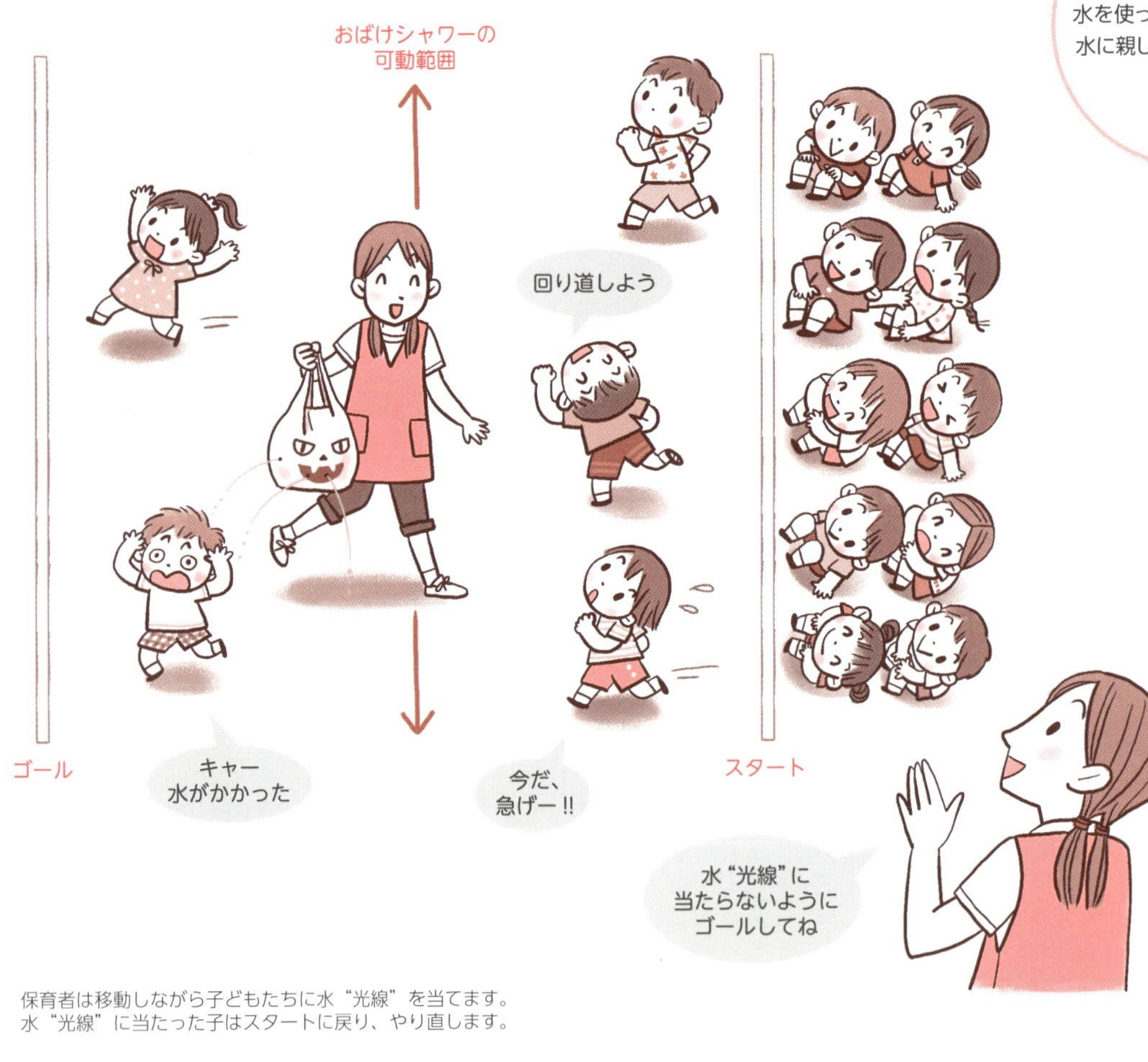
おばけシャワーの
可動範囲
回り道しよう
ゴール
キャー
水がかかった
今だ、
急げー!!
スタート
水“光線”に
当たらないように
ゴールしてね

保育者は移動しながら子どもたちに水“光線”を当てます。
水“光線”に当たった子はスタートに戻り、やり直します。

いるかゲーム

ねらい

友達と協力して、目標を達成する楽しさを味わう。

1

子どもたちを2～3チームに分けます。

ペットボトルの上部を切り、発泡スチロールで作ったいるかを入れます。
水の入ったたらい
小さな容器
がんばるぞ

たらいの周りに牛乳パックやプリンカップなどの小さめの容器を置いておきます。

2

保育者の合図で、1人ずつ好きな容器を選び、たらいの水をくんで運びます。いるかの入ったペットボトルに水を入れ、戻ってきて次の子にバトンタッチします。

早くいるかを外に出してね
行け行け！
うわぁ！こぼれた
がんばれ
急げ急げ

ペットボトルから水があふれ出し、いるかを早く外に出したチームの勝ちです。

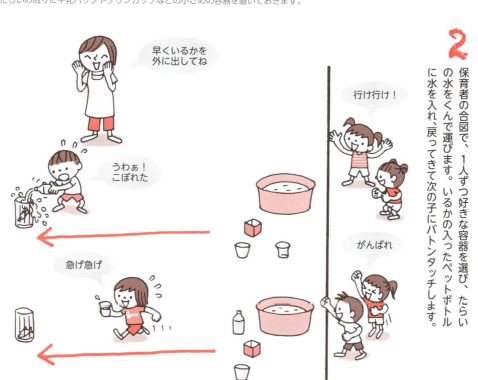

ちゃぷちゃぷ宅配便

子どもたちを2チームに分けます。2人1組になり、スタート地点のビニールプールから好きな容器で水を運び、たらいに入れます。

ねらい

水をこぼさないように、目的地まで運ぶ難しさと楽しさを味わう。

早く早く！
がんばって！
スタート
重い！
そーっと
もうすぐ！

たらいに水を入れたら、スタート地点に戻って次の子たちにバトンタッチ。
早くたらいをいっぱいにしたチームの勝ちとして遊びます。

水中トンネル

ビニールトンネルを用意して、保育者はその上にホースで水をかけます。トンネルをくぐると子どもたちは、水がかからないのに、水中にいる感覚が味わえます。

ねらい

水中をくぐっているような不思議な感覚を楽しみながら、水遊びに慣れる。

●ときどき、出口から水をかけてあげましょう。

●トンネルから出てきた子どもにシャワーをかけてあげましょう。

くらげ体操

ねらい
プール前の準備体操をかねて、体全体を使って表現する楽しさを味わう。

1
「♪くらげ体操　クラ　クララ」と節をつけ、リズムをとりながら、両腕は羽ばたくように動かし、両足は軽く屈伸をします。

♪くらげ体操　クラ　クララ

2
保育者は、動かす体の部位を子どもに伝えます。次にみんなで「♪クラクラ　クラ　クララ」と節をつけ、リズムをとりながら、その部位を動かし、繰り返します。

手首
♪クラクラ
クラ　クララ

●手首の体操
両腕を前に伸ばし、両手を下にしてプラプラ振ります。

●足首の体操

座って両手は後ろに、両足は前に出して、片足を浮かせて足首を振ります。

●首の体操

両手を腰に当て、首を回します。

●お尻の体操

両手を腰に当て、左右にお尻を振ります。

進め！お宝タッチ

1

保育者はホースの水を子どもたちの頭上へシャワーのように降らせます。子どもたちはシャワーを浴びながら、ビニールシートの上をはって進みます。お宝にタッチしたらゴールです。

ねらい

水の勢いに抵抗しながら進むおもしろさと、お宝にタッチしたときの達成感を味わう。

2

子どもたちは各自ビート板を持って、はって進みます。保育者はホースを持って水を放ち、進んでくるビート板に当てます。その水に負けずに進み、お宝にタッチしたらゴールです。

水かけ合戦

ねらい

水をかけ合ったりしながら、水に触れて遊ぶ楽しさと気持ちよさを味わう。

1

手で水をすくって、相手チームにかけて遊びます。

2

レジ袋に水を入れ、相手チームのビニールプールに投げ入れます。繰り返し投げ合って合戦風に遊びましょう。

うまく すくえるかな？

ねらい
シート状になったレジ袋をバケツのようにあつかい、水遊びを楽しむ。

1
切ってシート状にしたレジ袋で、水をすくって遊びます。

おわんみたいにするといいよ！

2
うまく水をすくえるようになったら、友達の背中や肩にかけて、触れ合い遊びを楽しみます。

それ！

3
2人組になり、1人はバケツを持ち、1人はシートでバケツに水をくみます。どの組が早く、バケツをいっぱいにできるかを競って楽しみます。

3杯！
急げ急げ！

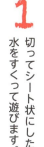

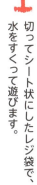

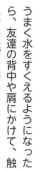

潜って輪くぐり

ねらい
輪をくぐる方法を自由に選び、自分の目標に向かってチャレンジする。

1

子ども2～3人で、広告紙の輪に入って歩きます。

大きな輪
幅約5㎝の広告紙をセロハンテープで長くつなげて輪を作ります。

スタートからゴールまで、輪を切らないようにプールの中を歩きます。

2

水に浮かべた広告紙の輪を、水面から、または水中から首にかけて遊びます。水に顔をつけるのが苦手な子は、手を使ってもOKです。

輪
幅約5cm、長さ約160㎝の広告紙をセロハンテープでつなげて輪を作ります。

保育者は危険がないかどうか、十分に注意しましょう。

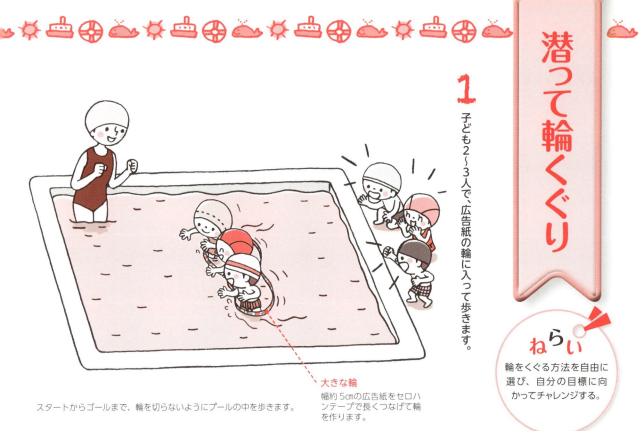

魚さんをキャッチ！

ねらい

水の感触に慣れながら、みんなでいっしょに魚を捕まえる遊びに参加する。

1 プールに魚を浮かべます。

ペットボトルのふたに、油性ペンで
魚の絵を描きます。
輪投げの輪をいくつか
置いておきます。

魚はなるべく多く浮かべましょう。

2 魚を目がけて輪を投げて遊びます。

魚を
捕まえてね！
やった！
それ！
全然入らない…
あっちに
行っちゃった
どれを
狙おう？

落とすな！ 落とすな！

子どもたちを2チームに分けます。すいか（すいか柄のビーチボール）をエアーパッキングの輪に載せて運びます。

タッチ
うわぁ！
落ちちゃった！
行け行け！
がんばれー
向こうまで行って
タッチをしたら、戻って来て
次の子にバトンタッチよ
早く早く！

すいかを落としてしまったら、その場で載せ直して再びスタートします。
早く全員が終わったチームの勝ちとして遊びましょう。

ねらい

不安定な水の中で、ビーチボールを落とさずに運ぶ難しさと楽しさを体験する。

かもめがビューン！

ねらい

歌に合わせて元気よく動き回り、保育者の指示をよく聞いて遊ぶ。

1

丸、三角、四角に切った大小の段ボール板を島に見立てて床にランダムに置きます。子どもたちは両手を広げて、かもめのまねをしながら、「海」の歌をうたって動き回ります。

♪うみは　ひろいな
おおきいな

段ボール板は、裏にクラフトテープを貼って固定します。

2

保育者は歌の途中でタンバリンを鳴らし、「丸い島の上で踊ろう！」などとお題を言います。子どもたちは保育者が出したお題に合わせた動きをします。

丸い島の上で
踊ろう！
急げ
急げ！
あれ？
丸い島はどこだ？
よいしょ

お題の例

- 四角い島の上で、うたおう
- 丸い島の上で、寝転がろう
- 三角の島の上で、片足で立とう
- 四角い島の上で、ジャンプしよう

●歌●

「海」（作詞／林 柳波　作曲／井上武士）

おばけやしきにいこう

おばけやしきの雰囲気いっぱいの歌をうたいながら、最後に子どもたちがおばけを捕まえる楽しいゲームです。

ねらい

歌に合わせた動きを楽しみながら、おにごっこのドキドキ感を味わう。

❶ ♪おばけやしきにいこうー…
みんなでーいけーばこわくない

おばけチームの子は手をつないで輪を作り、反時計回りに進みます。
探検隊チームは輪の中心で内側を向いてしゃがみます。

子どもたちをおばけと探検隊の２チームに分け、全員で歌をうたいます。

❷ ♪ヒュードロロ　ヒュードロロ
やっぱりちょっとこわいかな

♪ヒュードロロ
♪やっぱりちょっとこわいかな

「♪ヒュードロロ…」で、おばけたちはつないだ手を揺らしながら、前へ数歩進み、「♪やっぱり…」で、後ろへ数歩戻ります。

❸ ♪みぎのおばけをつかまえろ
ひだりがちょっとあやしいぞ

♪みぎの
♪ひだりの

おばけたちは立ち止まって、「♪みぎの…」で右を向き、「♪ひだりが…」で左を向きます。

❹ ♪おばけはどこにいるのかな
おばけはどこにいるのかな

おばけたちはつないだ手を再び揺らしながら、少しずつ輪の中心に向かって歩きます。

❺♪ヒュードロロ　ヒュードロロ
おばけはどこにいるのかな
おばけはどこにいるのかな

おばけたちは「♪ヒュードロロ…」で手を揺らしながら、今度は後ろへ下がり、「♪おばけは…」で❹と同様にします。

❻♪おばけはここだー！

逃げろ〜
捕まえたー

おばけたちは手を離して逃げます。探検隊は逃げるおばけを追いかけて捕まえます。
捕まえた探検隊と、捕まえられたおばけが交代をして、繰り返し遊びましょう。

おばけやしきにいこう

（作詞／有吉有巳子　作曲／村中弘美）

おばけ
やしきにいこう ー おばけやしきにいこう ー みんなでーい
けーばこわくない みんなでーいけーばこわくない
ヒュードロロ ヒュードロロ やっぱりちょっとこわいかな
みぎのおばけをつかまえろ ひだりがちょっとあやしいぞ おばけ
はどこにいるのかなおばけはどこにいるのかな ヒュードロロ ヒュードロロ おばけ
はどこにいるのかなおばけはどこにいるのかな
「おばけはここだー！」

月のうさぎ

ねらい
リズム遊びを通して、触れ合いを楽しみながら友達との関係を深める。

1 2人組で向かい合い、リズムに合わせて遊びます。

❶♪つ

左手の手のひらを上へ向け、右手でたたきます。

❷♪きの

右手で相手の左手をたたきます。

❸♪うさ
❶と同様にします。

❹♪ぎが
❷と同様にします。

❺♪ペッ
❶と同様にします。

❻♪タン
❷と同様にします。

❼♪ペッ
❶と同様にします。

❽♪タン
❷と同様にします。

❾♪まんまる

パンパン

２回拍手をします。

❿♪おもちは

相手と両手を合わせます。

⓫♪できたか

かいぐりをします。

⓬♪な

じゃんけんをします。

2 じゃんけんで勝った子が負けた子の手を両手で挟みます。

負け
勝ち

月のうさぎ

（作詞・作曲／渡辺リカ）

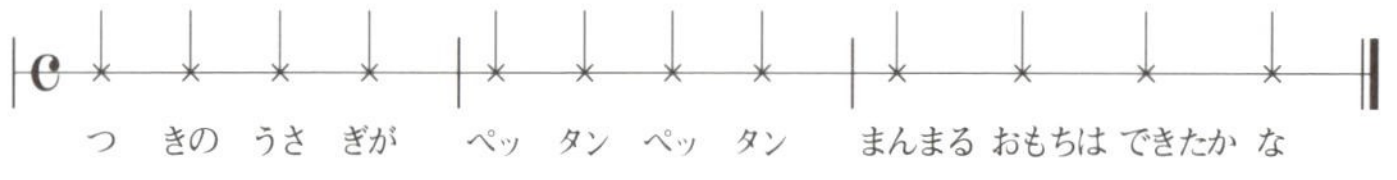
つ　きの　うさ　ぎが　ペッ　タン　ペッ　タン　まんまる　おもちは　できたか　な

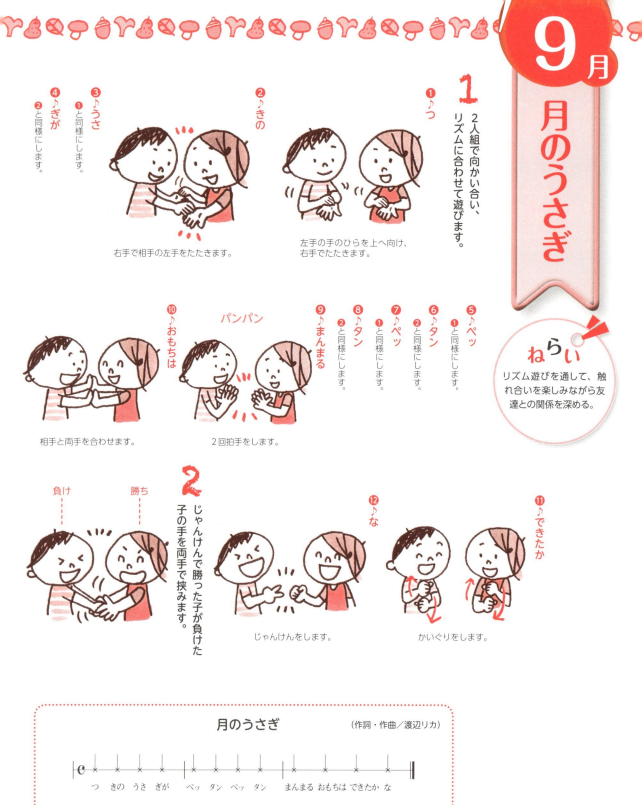

ピンポン

ねらい

リズム遊びを通して、友達とのやりとりを楽しむ。

1

2人組を作り、歌に合わせて相手の左手をインターホンのように押します。

右手は人さし指を出して、左手はパーにします。相手の左手に右手でピンポンと押すよ
♪ピンポン　ピンポン
おとどけもの〜
いんかんいんかん

2

「♪おせます」でかいくぐりをし、「か」でじゃんけんをします。勝った子は相手の手のひらに印鑑を押します。

♪おせます
♪か
やった―
パチン
やられた―
負けた子は手のひらを上にして、片足を動かさなければ逃げてもOKです。
スカ
クル

ピンポン　（作詞／福田りゅうぞう　作曲／谷口國博）

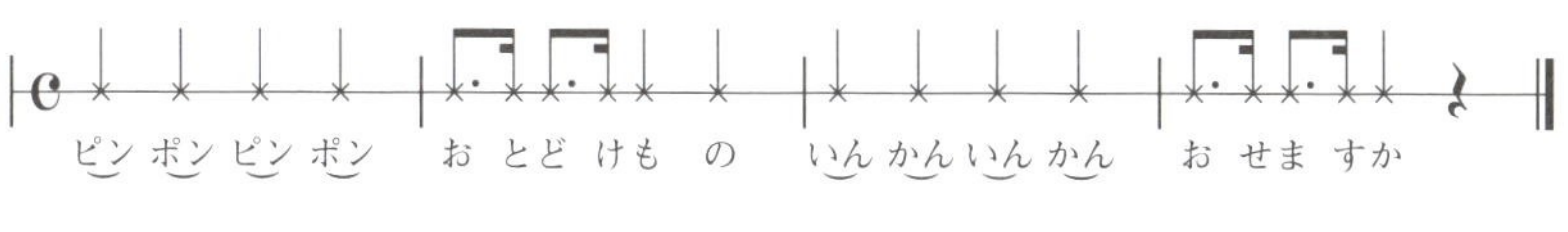
ピン ポン ピン ポン
お とど けも の
いん かん いん かん
お せま すか

とんぼとり名人

ねらい
とんぼになったつもりで友達といっしょにルールのある遊びを楽しむ。

1 とんぼとり名人を1人決めて、それ以外の子どもはとんぼになります。

とんぼとり名人は
とんぼを捕まえます
とんぼは両手を広げて、
パタパタさせて
逃げてね
高い所で
片足を上げて、
とんぼのポーズをして
止まっていると、
捕まらないよ
画用紙で作った
たすきをかけます。

2 とんぼとり名人は、とんぼを追いかけます。

最初はとんぼとり名人が
10 数えている間に逃げるよ
とんぼとり名人に
タッチされたら、
役を交代します
片足を浮かせて
とんぼのポーズ。
いち、に、
さん、
しー……
とんぼとり名人にタッチされ
ないように、10 数え終わら
ないうちに逃げます。
高い所にいるとんぼは、目
の前で指先を回して、10
数えるとタッチできます。
低い所にいるとんぼは、
いつでもタッチできます。

高い所
見つけた

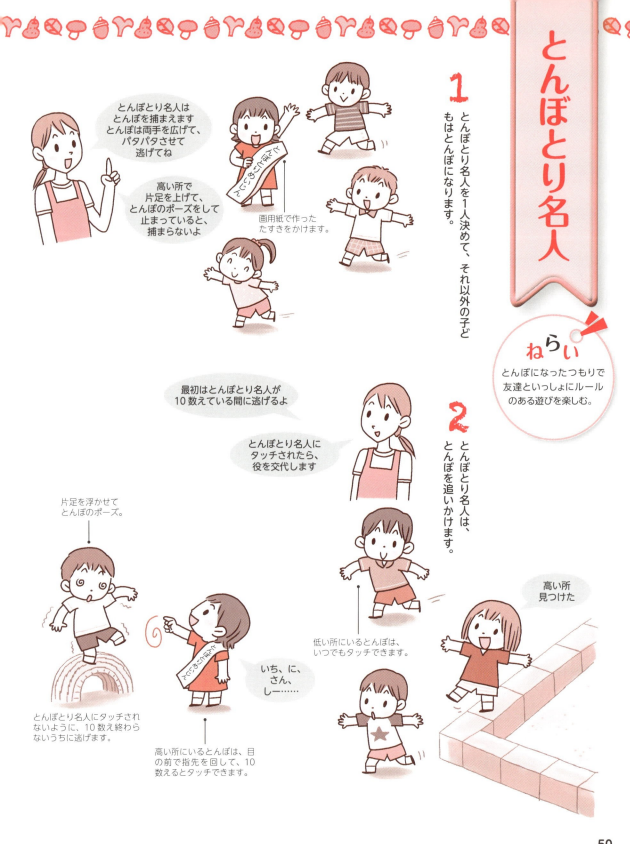

おなかがすいたよ

ねらい

保育者のかけ声に合わせて動きながら、友達とのスキンシップを楽しむ。

1

「線路は続くよどこまでも」の替え歌をみんなでうたいながら、歩き回ります。

手拍子に合わせて
歩きながら、みんなで
うたいましょう。
せーの！
パンパン
♪おなかがすいたよ
さあ食べよう

手拍子に合わせて歩きながら、「線路は続くよどこまでも」の最初のメロディーに合わせて、「♪おなかがすいたよ　さあ食べよう」とうたいます。

2

うたったあとの保育者のかけ声に合わせ、グループを作り「いただきまーす」ごっこを楽しみます。

にんじん

2人組で手をつないで座ります。

いただきまーす
パクパク
くすぐったーい

「パクパク」と友達の体を食べるまねをします。

いちご

1人で座ります。

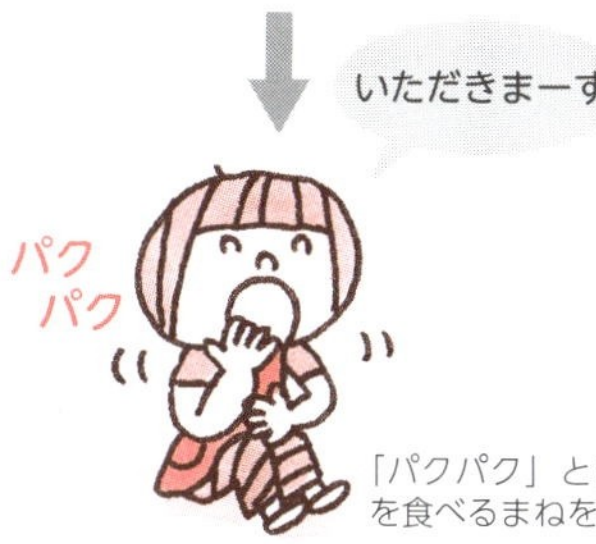
いただきまーす
パク
パク

「パクパク」と自分の体を食べるまねをします。

ごはん

全員で手をつないで座ります。

いただきまーす
パクパク

左隣に座っている子どもをパクパク食べるまねをします。

怪獣をやっつけろ

ルール

1

保育者はマットの怪獣を支え、子どもたちは3～4人のチームに分かれてスタンバイします。

怪獣
段ボール板に怪獣の絵を描き、マットに貼ります。
スタート

2

「スタート」の合図でチーム全員で怪獣まで走り、怪獣を倒してゴールします。

やられたー
えいっ
ゴール

おやつを はいどうぞ!

ルール

子どもたちは、「スタート」の合図で食べ物カードまで走ります。カードを引いて取り、動物ボックスの口に入れてゴールします。

動物ボックスの作り方

切り取る
貼る

穴を開けた段ボール箱に、色画用紙の動物を貼ります。

食べ物カードの作り方

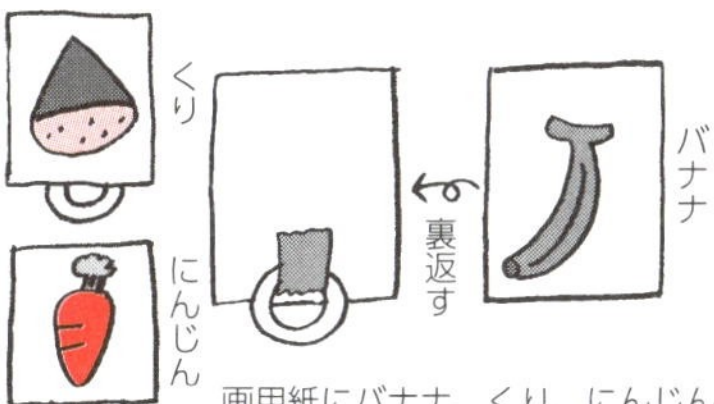
くり
にんじん
裏返す
バナナ

画用紙にバナナ、くり、にんじんの絵を描き、裏にリングバトンを貼り付けます。

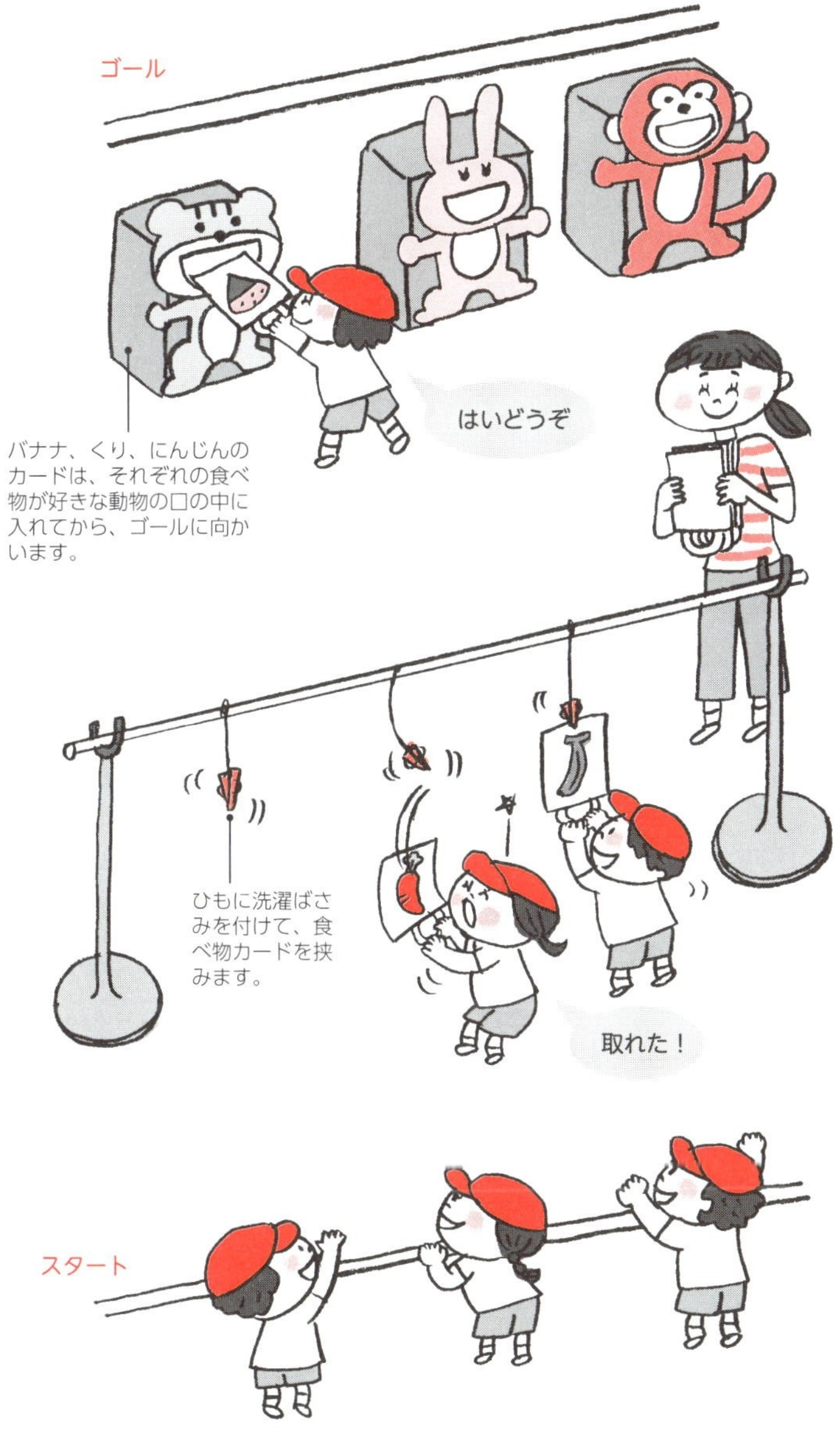
ゴール
はいどうぞ
バナナ、くり、にんじんのカードは、それぞれの食べ物が好きな動物の口の中に入れてから、ゴールに向かいます。
ひもに洗濯ばさみを付けて、食べ物カードを挟みます。
取れた！
スタート

トラックでダッシュ！

ルール

子どもたちはトラックを引っ張りながら走り、風船を3つとってトラックに載せ、ゴールを目指します。

トラックの作り方

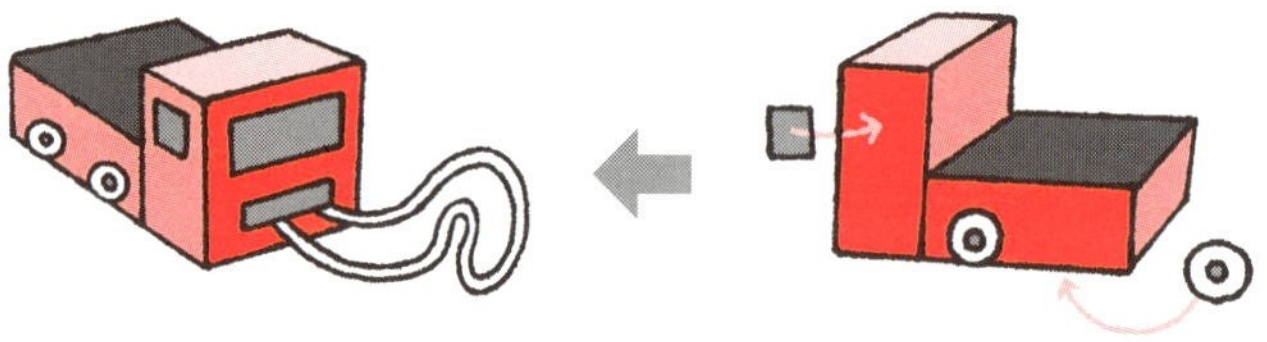

段ボール箱を２つ組み合わせて、色画用紙や折り紙などの窓やタイヤを貼ります。

正面にクラフトテープでロープを貼ります。

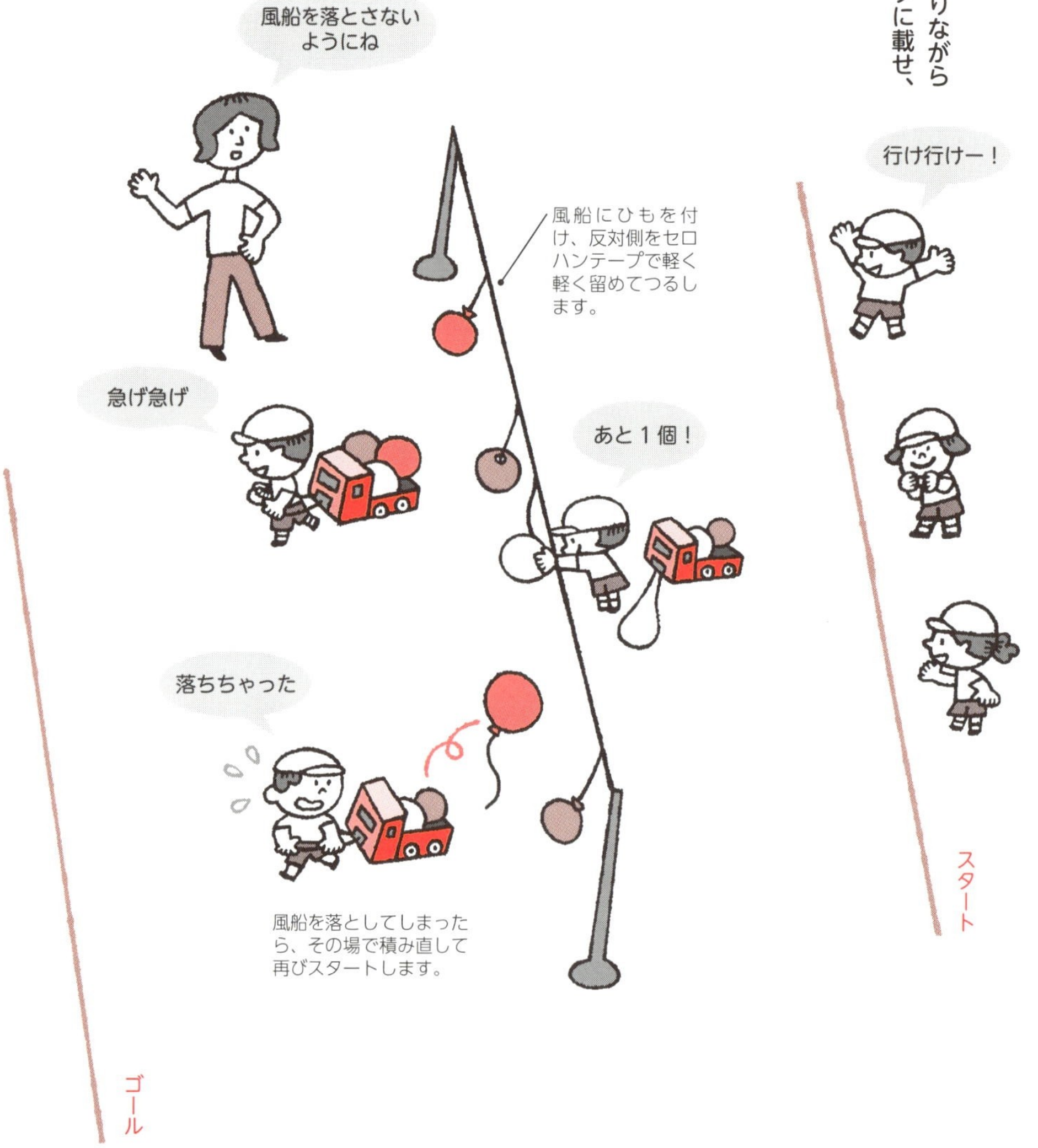
行け行けー！
スタート
風船を落とさないようにね
風船にひもを付け、反対側をセロハンテープで軽く軽く留めてつるします。
あと１個！
急げ急げ
落ちちゃった
風船を落としてしまったら、その場で積み直して再びスタートします。
ゴール

フワフワちゃんレース

ルール

子どもたちを紅白の2チームに分けて、チーム内で2人1組になります。両手をつなぎ、フワフワちゃんを挟んで運びます。

落とさない
ようにね
その調子！
あっ！
スタート＆ゴール
フワフワちゃん
カラーポリ袋に空気を入れて膨らませ、色画用紙などの目や口を貼ります。
そっとね
ゆっくり
運ぼう
あっ！
落ちちゃった
落としてしまったら、その場で挟み直して再びスタートします。

帰りは後ろ向きで背中合わせになって運んでもいいでしょう。

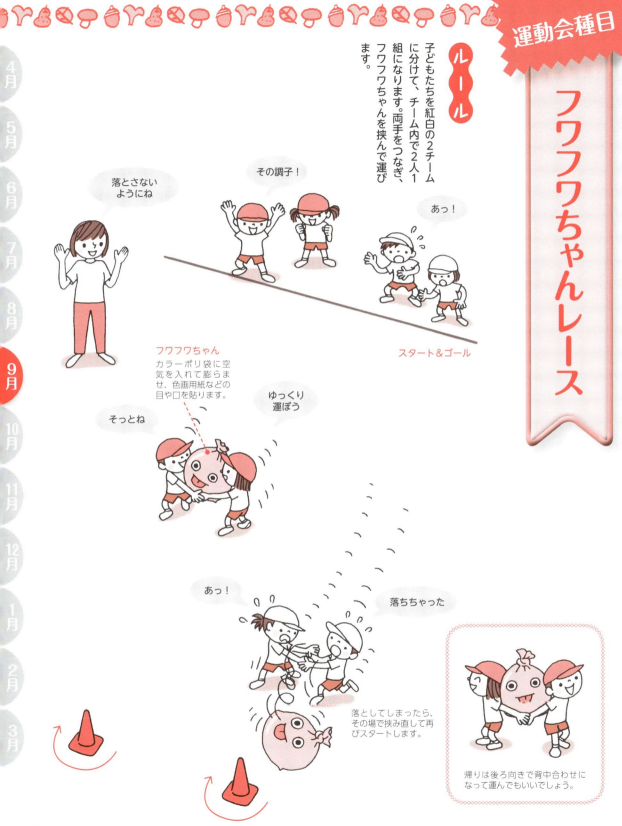

入れ物なあに？

ねらい
どんぐりを入れる素材によって、音が変化することを知り、音を聞いて入れ物を当てる遊びを楽しむ。

1

ペットボトル、空き缶、空き箱など、さまざまな空き容器にどんぐりを入れ、どんな音がするのか、振って遊んでみます。

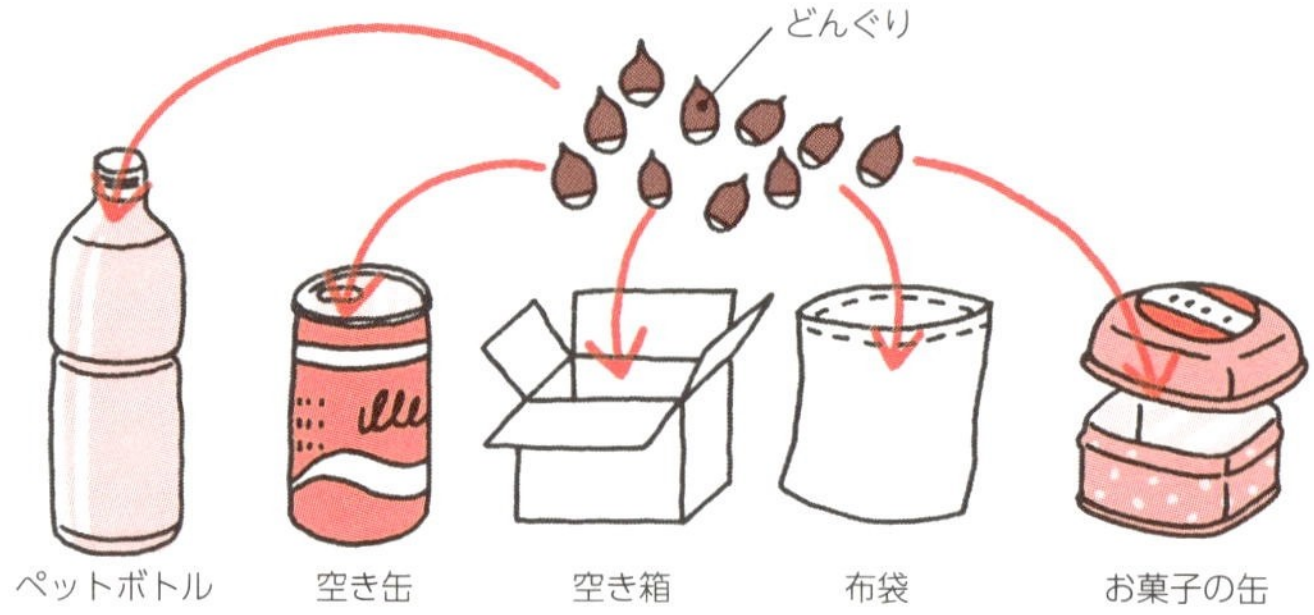
どんぐり
ペットボトル
空き缶
空き箱
布袋
お菓子の缶

コロコロ
カラカラ
ゴロゴロ

2

保育者は「どんぐりを入れた入れ物、わかるかな?」と、容器を振って音を出します。わかった人は手を挙げて答えます。

カランカラン
入れ物
わかるかな？
わかった！
あれ？

子どもたちは、どの容器が振られているのか見えないように後ろを向きます。

コロコロ運んで

子どもたちを2チームに分けて、ペアで競います。穴を開けた空き箱のふたにどんぐりを載せて歩き、バケツに落とします。

ねらい

友達と協力してどんぐりを運んだり、穴から落としたりする遊びを楽しむ。

早く！
急げ急げ！
スタート＆ゴール
そーっとね…
落とさないように
バケツまで運んでね！
空き箱のふたに
穴を開けます。
やった！
うまくいったね！

途中でどんぐりを落としてしまったら、拾って載せます。ふたの穴からバケツへどんぐりを落としたら、次のペアにふたを渡してバトンタッチします。どちらのチームが早く全員終わるか、競って遊びます。

どんぐり転がしゲーム

ねらい

高得点を獲得できるかどうかのハラハラドキドキ感と獲得したときの満足感を味わう。

1

保育者が、斜めにした机にどんぐりを転がすコースを作ります。ゴールには、点数を書いた空き箱を貼っておきます。

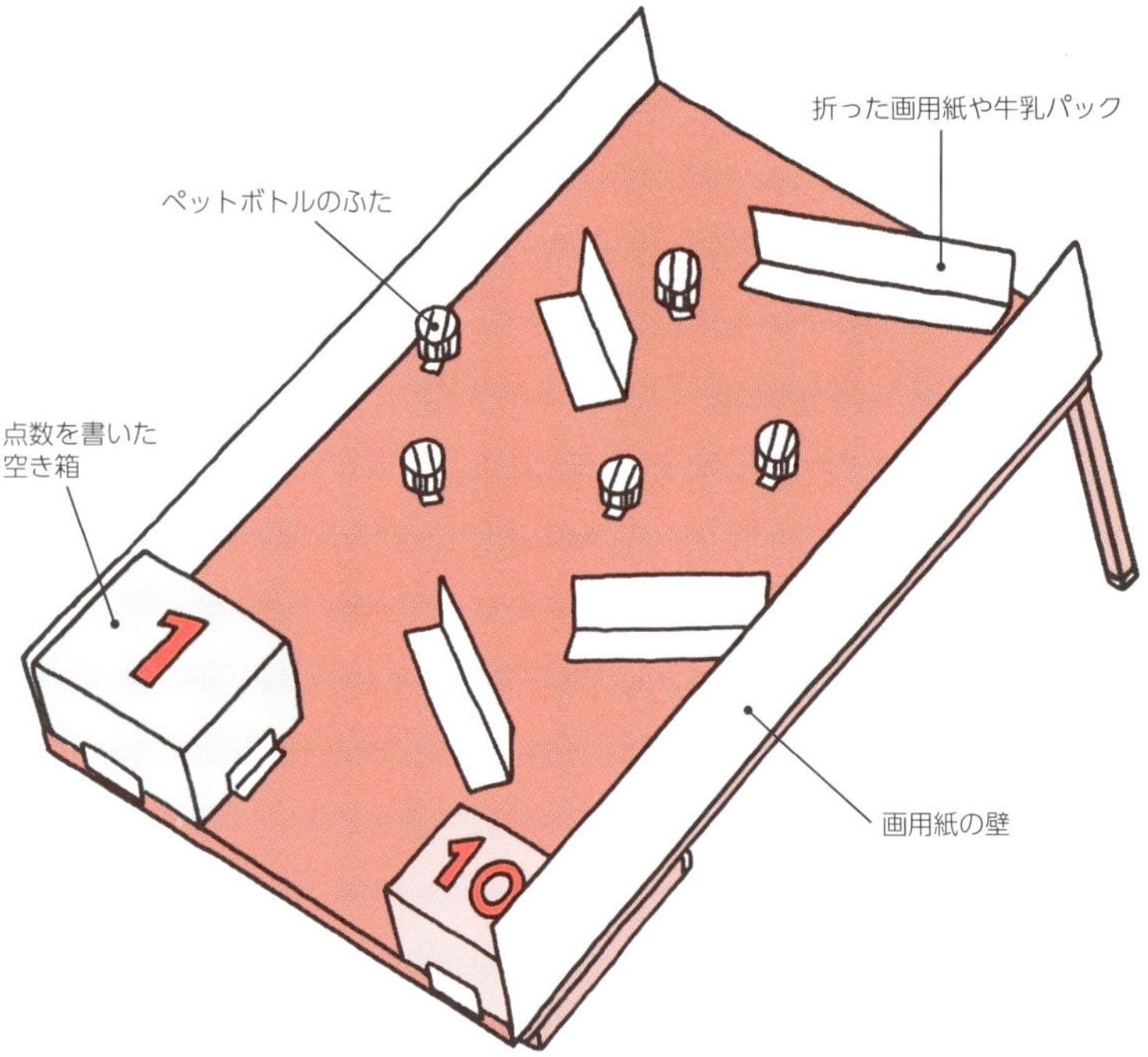
折った画用紙や牛乳パック
ペットボトルのふた
点数を書いた
空き箱
1
画用紙の壁
10

2

コースが完成したら、ゲームスタートです。あらかじめ1人5個など、転がす個数を決めておくとよいでしょう。

えいっ！
あっ！
10点
1
10

子どもたちとコースを考えて、
いっしょに作っても楽しいですね。

きのこのこ

ねらい

保育者の声をよく聞いて、チームの仲間と頭も体も使って遊びを楽しむ。

1

子どもたちは3人でチームになり、それぞれの「きのこ」役を決めます。

みんなで
きのこになるよ。
右の人から
名前を言うね
なめこ
しいたけ
ぶなしめじ

2

最初は「きのこポーズ」で始めます。

きーのこ
のこのこ
どのこのこ？

頭の上で手のひらを合わせて、きのこポーズを作ります。

3

保育者の指示に合わせて、名前を呼ばれたきのこが「のこっ」と言って立ち上がります。保育者が「きのこ」と言ったら、全員が立ち上がります。

なめこ！
なめこ
のこっ
のこっ
なめこ

きのこ！
のこっ

おにくじ

ねらい

縄を選ぶドキドキ感と、おにとは違う綱を引いた喜びを味わう。

1

おに役の子を1人決めます。おに役の子は縄跳びを1本選びます。

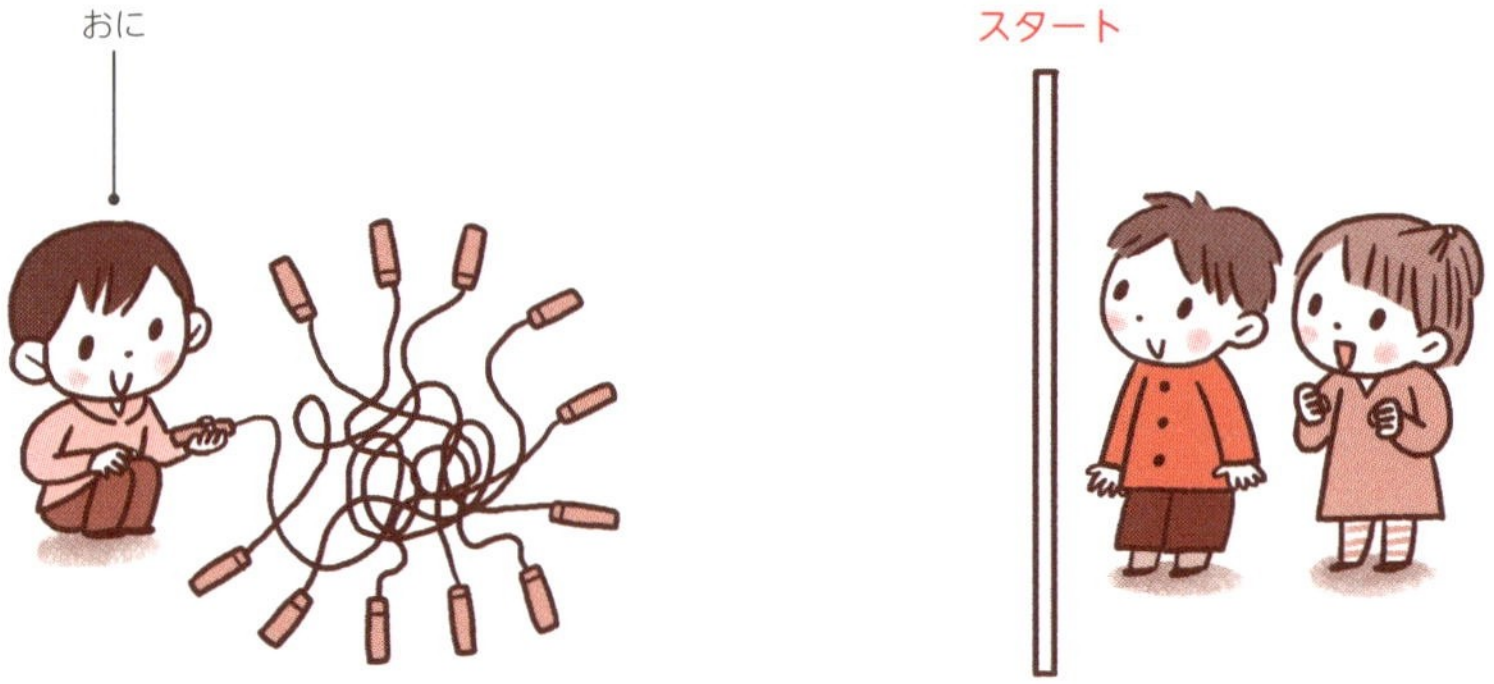

おには、たくさんの縄跳びをぐちゃぐちゃにして、そのうちの1本を選び、端を持ちます。

2

他の子は、1人ずつおにのところへ行き、1本の縄跳びを選んで引っ張ります。

おにと違う縄跳びを選んだら、スタート位置まで戻り、次の子にバトンタッチします。

3

おにが持っている縄跳びを引いて、タッチされたら負けです。

おにの縄跳びを引いてしまったら、縄跳びをその場に置いて、スタート位置に戻ります。スタート位置へ戻る前におににタッチされたら負けです。おにの役を交代して最初から遊びます。

からだ ひゅうー

リズムに合わせ、全身を使って元気よく動きます。

ねらい

強い風に体が揺らされる様子を表現して遊ぶ。

❶♪おおきな たいふう やってきた
かぜが ブーンと ふいてきた

胸の前で両手を組んで、リズムに合わせて左右に揺れます。

❷♪かぜが つよくて
かぜが つよくて

片足ずつひざを曲げて、左右に揺れます。

❸♪てと

左手を床について、右手だけを上げます。

❹♪あしと からだ

そのままの姿勢で、右足を上げます。

❺♪ひゅうー

両足を上げてタイミングよくジャンプをしましょう。

からだ ひゅうー

（作詞／福田りゅうぞう　作曲／谷口國博）

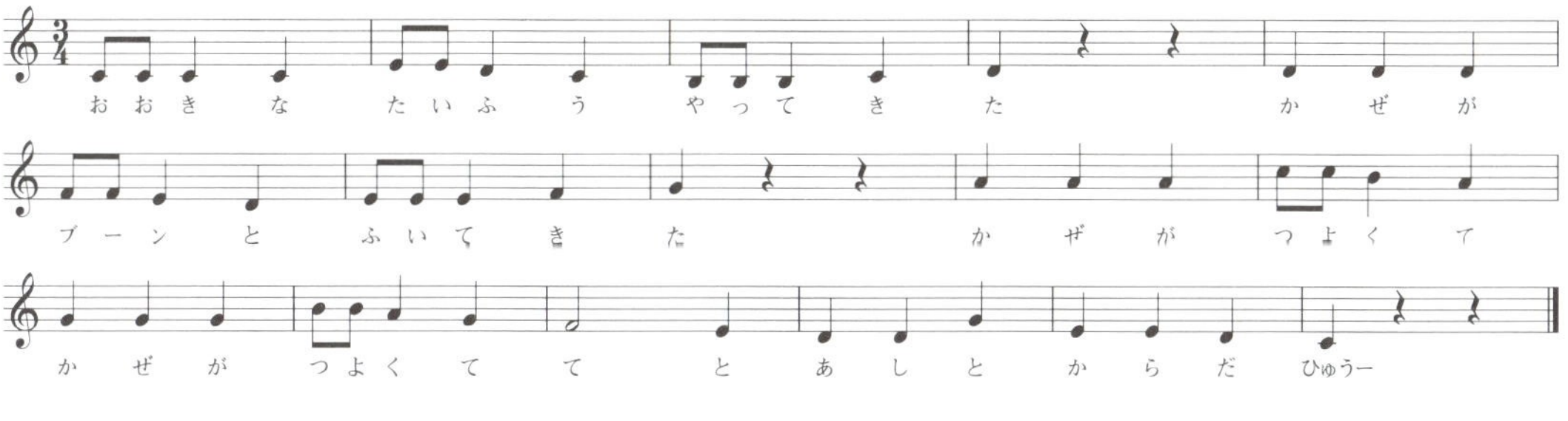
お お き な た い ふ う や っ て き た か ぜ が
ブ ー ン と ふ い て き た か ぜ が つ よ く て
か ぜ が つ よ く て て と あ し と か ら だ ひゅうー

どれどれ？宝箱

ねらい

みんなで同じ動きを繰り返しながら、誰が海賊カードに当たるかのスリルを楽しむ。

1

クラスみんなで円になって椅子に座り、裏側が見えないように宝箱カードを回します。

１人１枚の宝箱カードを持ち、裏側が見えないように左手の上に置きます。
一斉に「♪どーれ　どれ　どれ　宝箱！」と繰り返し唱えながら、右手でカードを隣へ渡していきます。

2

保育者の合図で持っている宝箱カードを裏返します。

カードを裏返してみましょう
大丈夫だった
海賊出ちゃった
海賊だぁー

保育者の合図でストップし、その時点で持っているカードを裏返します。海賊の絵が描いてあるカードだったらアウト。宝物の絵が描いてあるカードならセーフです。海賊を引いてしまった子は抜けていきます。

宝箱カードの作り方

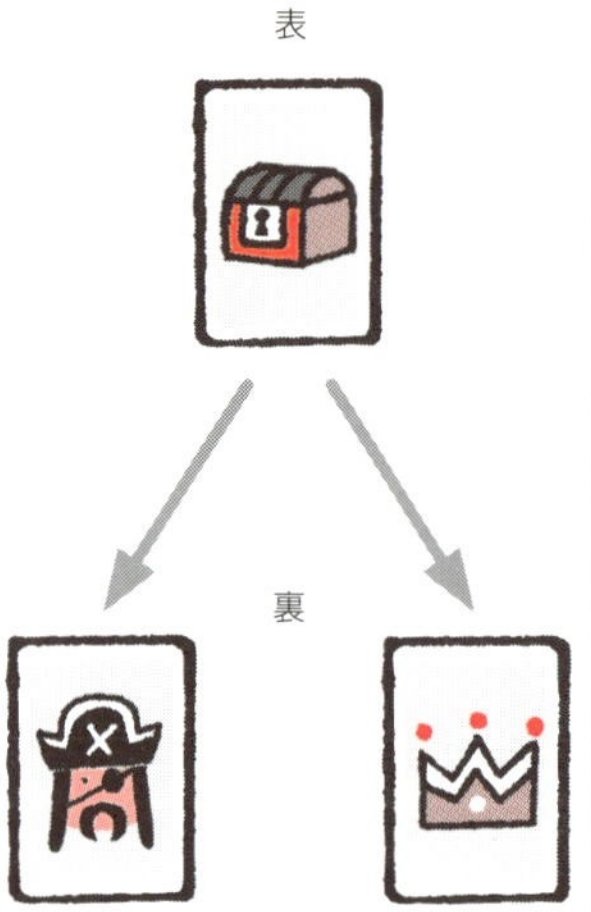
表
裏

画用紙の表に宝箱の絵を描きます。数枚のカードの裏に「海賊」の絵を、残りは「宝物」の絵を描きます。

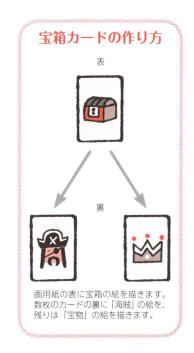

めだまやき

ねらい
歌遊びプラスおにごっこをして、いろいろな体の動かし方が入ったゲームを楽しむ。

1

園庭などの床に二重の円を描いて目玉焼きに見立てます。子どもたちは全員黄身（内側の円）の中に入って、「めだまやき」の歌をうたって踊ります。

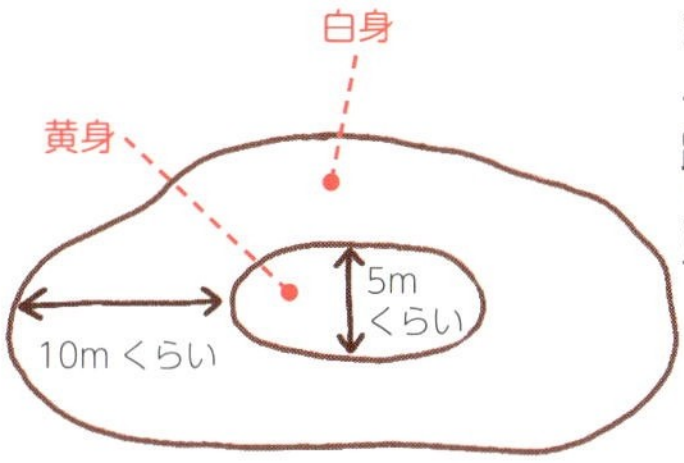

白身
黄身
5m
くらい
10m くらい

おおよその形で OK。20 人くらいまで遊べるサイズにしましょう。

❶ ♪たまご　たまご　たまご　パチンとわれて

たまごポーズ（両手を上げて卵の形を作る）でリズムに合わせて歩きながら、ペアになる相手を探します。

❷ ♪パチン

相手と両手を合わせて、パチンと鳴らします。

❸ ♪プルプルプルの　めだまやき

両手を上げて全身でプルプル揺れます。「♪めだまやき」で両手で眼鏡を作って、目に当てます。

❹ ♪たべましょう　ジャンケンポン

かいぐり

かいぐりをして、じゃんけんをします。勝負がつくまでやりましょう。

2

負けた子は白身の外に向かって逃げ、勝った子は相手を追いかけてタッチします。白身の外側まで逃げきれたらセーフ。内側でタッチされたらアウトです。

セーフ
アウト
勝った子
負けた子
セーフ

めだまやき　（作詞・作曲／犬飼聖二）

C
G
た ま ごたまご た ま ご パ チン と わ れ て パチン
Am
Em
G
C
プ ルプ ルプ ル の め だまやき た べ ま しょう ジャン ケン ポン

挟んでポイッ！

ねらい

鉄棒にぶら下がったまま、足でボールを飛ばしてピンを倒すという遊びに挑戦する。

1 鉄棒にぶら下がりながら両足でボールを挟みます。

おっとっと…
苦しい…
落とさない
ようにね
ボールを
渡します
ぼくも
やりたい

2 ボールを飛ばしてペットボトルのピンを倒して遊びます。

何本
倒せるかな？
えい
4本倒れたね！
すごい！

ぐるぐる 洗濯機

ねらい

自分の担当を覚え、保育者の指示に合わせてすばやく行動するおもしろさを味わう。

1

子どもたちに3色のはちまきをランダムに渡します。「赤は靴下」「青はズボン」「緑はTシャツ」と言って割りふりをします。

赤は靴下、青はズボン、
緑はTシャツよ！

はちまきをしたら、子どもたちは歩き回ります。

2

様子を見ながら、保育者が指示を出します。

洗濯しましょう！
靴下！
わたしだ！
あっ！ぼくだ！

保育者は、「きょうはいい天気！　洗濯しましょう！　靴下！」などと、靴下、ズボン、Tシャツのどれかを選んで言います。

3

「靴下」と言われた赤いはちまきの子どもは、中央に集まります。靴下以外の子は周りに集まって手をつなぎ、円を作ります。

ぐーるぐる せんたくき
ぐーるぐる あらいましょう！

周りの子は「ぐーるぐる せんたくき ぐーるぐる あらいましょう！」と言いながら時計回りに回ります。回り終えたらバラバラになり、2 から繰り返して遊びます。

しりとりボール

ねらい

しりとりをしながら、テンポよくボールを回すという難しい遊びに挑戦する。

1

全員で円になり、保育者から順番にしりとりをしながら時計回りにボールを回します。

スタート！
と！
「と」の付く物は…
ぼくは
なにかな…

保育者は「スタート」と言い、時計回りにボールを渡します。渡された子は、「スタート」の「と」が付く物の名前を言ってから、隣の子にボールを渡します。

2

2チームに分かれてチーム対抗で遊びます。

どちらが
勝つかな？
スタート！
と
と…
えーっと

保育者の合図で、2チーム同時にしりとりをしながらボールを回していきます。先に1周したチームの勝ちとして遊びます。

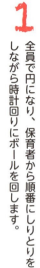

おせんべい焼けたかな？

ねらい
タイミングを合わせたり、ずらしたりしながら、友達とのかけひきがある遊びを楽しむ。

1
子どもたちを「人間」役と「おせんべい」役の2チームに分けます。「おせんべい」役の子どもたちは、体育座りをします。

ビニールテープを貼ります。
せーの！
人間役
おせんべい おせんべい
焼けたかなー？
おせんべい役

「人間」役の子は、「おせんべい」役の子の間を歩き回り、保育者の合図で「おせんべい おせんべい 焼けたかなー？」と大きな声で言います。

2
「人間」役の子が「焼けたかなー」と言い終わったタイミングで、「おせんべい」役は一斉に「焼けた！」と言って手を挙げます。「人間」役の子は「おせんべい」役の子の手にタッチします。

タッチされたら先生の
ところに来てね！
焼けた！
あそこだ！
タッチ！
焼けた！
焼けた！

タッチされた「おせんべい」役の子はアウト。保育者のところへ行きます。手を挙げて５数える間にタッチされない「おせんべい」役はセーフ。全員がタッチされるまで続けます。役を交代して繰り返し遊びましょう。

パックンまつぼっくり

ねらい

友達とのスキンシップを楽しみながらゲームに参加する喜びを味わう。

1

さる役を2人決めて、他の子は内側を向いて円になり、体育座りをします。

ぼくさるやりたい！
わたしも！

さる役以外の子は、少し間隔を空けて円になって座ります。

2

さる役は手をつないだまま回ります。

まつぼっくりが
あったとさ

みんなで「まつぼっくり」の歌をうたいます。さる役は座っている子どもたちの頭上に手をかかげたまま時計回りに回ります。

3

歌の最後の「たべたとさ」を「パックンコ」に替えてうたい、その場に座っていた子を捕まえて食べるまねをします。

パックンコ！
食べられた子は
さるの後ろに
つながってね
後ろにつながる

捕まった子は、さる役の後ろにつながっていき、繰り返し遊びます。

•歌•
「まつぼっくり」（作詞／広田孝夫　作曲／小林つや江）

りすの冬じたく競争

子どもたちを2チームに分けます。スタートの合図で、箱の中に片手を入れ、持てる分だけどんぐりを持ってりすの箱に向かい、どんぐりを入れます。

Bチーム
Aチーム
がんばれ！
たくさん
つかもう
スタート
どんぐりを入れた
段ボール箱

片手で運んでね
りすの顔を描いた
段ボール箱

箱にどんぐりを入れたらスタート地点に戻って次の子にバトンタッチ。
先に全部のどんぐりをりすの箱に運べたチームの勝ちです。

ねらい

どうしたらたくさんのどんぐりを落とさずに早く運べるかを考えながらゲームに参加する。

はなまる◎温泉

ねらい
歌やリズムに合わせて遊び、友達とのスキンシップを楽しむ。

4～5人のグループで輪になり、歌に合わせて遊びます。

❶♪おんせん　おんせん
きもちいー
みんなではいって
シュビドゥバー

輪になり、隣の人と肩を組んで左右に揺れます。

❷♪おんせん　おんせん
きもちいー

左側の人の背中をこすります。

❸♪はなまる

右側の人の背中をこすります。

❹♪おん

かいぐりをします。

❺♪せん

じゃんけんをします。負けはなん人でもOK。あいこの場合は、負けが決まるまで続けます。

❻♪おんせん　おんせん
きもちいー
みんなではいって
シュビドゥバー

負けた子を真ん中に入れて、❶を繰り返します。

❼♪おんせん　おんせん
きもちいー

負けた子をくすぐるふりをします。

❽♪はなまる　おんせん

コチョ
コチョ
やめてー！

負けた子を思い切りくすぐります。

はなまる◎温泉　（作詞・作曲／たかはしあきら）

C
G7
C
F
G7
C
おん せん おん せん　き も ち い ー　みん な で は い っ て　シュ ビ ドゥ バ ー
C
G7
C
F
G7
C
おん せん おん せん　き も ち い ー　は な ま る　おん せん

消防隊

ねらい
リズムに合わせてバランスよくしゃがんだり、足を持ち上げたりして遊ぶ。

消防士をイメージしながら元気よく動きます。

❶ ♪かじだ　かじだ　ひをけせ

両手をサイレンのように顔の横でクルクル回しながら、右へ6歩、歩きます。

❷ ♪チャチャチャ

手拍子を３回しながらジャンプをして、左を向きます。

❸ ♪かじだ　かじだ　ひをけせ

❶を左側で同様にします。

❹ ♪チャチャチャ

手拍子を３回しながら、❷と同様にジャンプをして正面を向きます。

❺ ♪ぼくらは　しょうぼうたい

しゃがんでから､片足を両手で持ち、足をホースに見立てます。

❻ ♪ヤーッ

片足を持ったまま、その場で立ち上がります。フラフラせずに立ち上がれるかどうかがポイントです。

消防隊　（作詞／福田りゅうぞう　作曲／谷口國博）

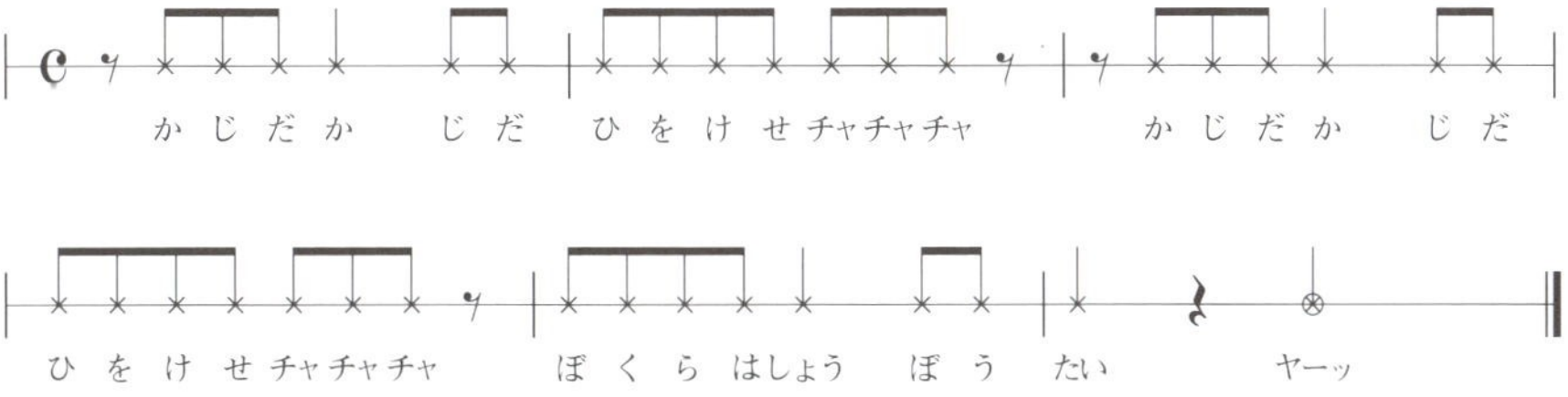

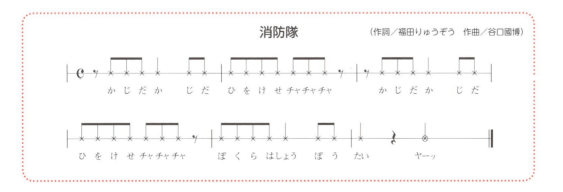

12月

ボールコロコロ

縄跳びや縄、積み木や椅子でコースを作り、手でボールを転がして遊びます。

ねらい

ボールを使った遊びを楽しみ、寒い時期でも元気よく体を動かして遊ぶ。

スタート地点に子どもたちが並び、順番にボールを転がしながらゴールを目指します。
慣れてきたら、蹴って遊んでも盛り上がります。

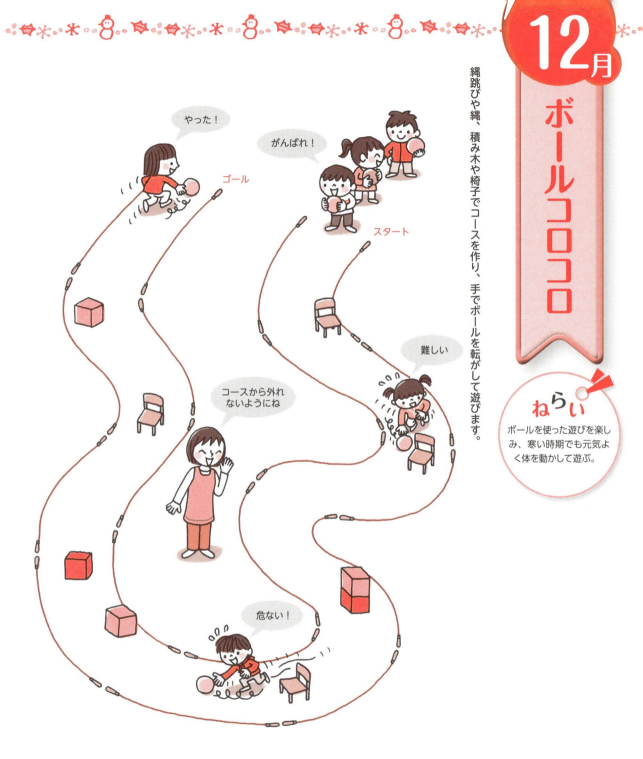

走れ！走れ！

子どもたち一人ひとりに半ページサイズの新聞紙を渡し、保育者の「よーい、どん！」の合図で、自分のおなかに新聞紙を広げたまま、地面に落とさないようにして走ります。事前に、手で新聞紙を押さえてはいけないことを伝えておきましょう。

ねらい

新聞紙を落とさないようにスピード調整しながら元気に走ることを楽しむ。

どれだけ長時間、新聞紙を落とさずに走っていられるかを競っても楽しいでしょう。

ツリーを飾ろう！

子どもたちを2チームに分けます。保育者の示す見本を見ながら、チームごとにツリーを飾ります。

ねらい

見本と同じ物を作る難しさと楽しさを感じながら、友達と協力してツリー作りを楽しむ。

ツリーとオーナメントの作り方

模造紙に描く
色画用紙

模造紙に大きなツリーの絵を描く。オーナメントは、色画用紙などで作る。

これと同じツリーを作ってね

画用紙にツリーを３パターンくらい描いておきます。

星は一番上だね
あそこはハートか！
これはどこかな？
ここに置いて…

オーナメントを周りに置いておきます。

サンタクロースは…

サンタクロースがプレゼントを持ってくる様子を動きで表現して遊びます。

ねらい

歌詞の内容を全身で表現しながら遊び、クリスマスへの期待を高める。

❶ ♪サンタクロースは

両手をグーにして、肩のところで荷物を持つまねをします。

❷ ♪クリスマスのよる

両手を合わせて顔の横に当て、目を閉じます。

❸ ♪やってくる

手拍子を３回します。

〈２番〉 ♪そりにのって

両手をグーにして前に出し、手綱をにぎるまねをします。

〈３番〉 ♪プレゼントもって

両手を大きく回して、プレゼントがたくさんある様子を表します。

〈４番〉 ♪えんとつから

下を向いて、足を片足ずつ煙突に入れるまねをします。

〈５番〉 ♪みんなのうちに

一人ひとりを指さすように動かします。

サンタクロースは…　（作詞・作曲／蝶間林裕美）

C
1.～5.サ ン タ ク ロ ー ス は
G
C
ク リ ス マ ス の よ る
そ ー り に の っ て ー
プ レ ゼ ン ト も っ て
え ん と つ か ー ら ー
み ん な の う ち に ー
やっ て く る

先生、プレゼントです

ねらい
サンタクロースになる楽しさと、障害物をクリアしていく難しさを味わいながら遊ぶ。

1

空き箱などをプレゼントに見立てて白い袋に入れ、ひもで縛ってプレゼント袋を作ります。サンタクロース役の子はサンタクロースの帽子をかぶります。

2

平均台やマット、跳び箱などを障害物として置いて、コースを3種類作ります。「平均台の上を歩く」「カラーコーンを1周する」など、あらかじめ障害物の越え方を子どもたちと練習しておきましょう。

3

保育者は、「みんなはサンタさんです。プレゼントを先生に届けてね」と言い、ゴール部分に座ります。サンタクロース役の子は3種類のコースの中からそれぞれ好きなコースを自由に選び、ゴールの保育者を目指して、障害物をクリアしながらプレゼントを届けます。

おっとっと！
マットをくぐる。
平均台の上を歩く。
ケンケンパ！
ここだよー！
飛び箱の上を歩く。
カラーコーンを１周する。
回るの忘れた！
フラフープで
ケンケンパをする。
スタート
ゴール

プレゼント袋を保育者に届けたら、帽子を次の子に渡し、繰り返して遊びます

プレゼントはどっち!?

ねらい
歌に合わせて遊びを楽しみながら、クリスマスの雰囲気を味わう。

1
音楽に合わせて歩き回り、ペアになります。

「アルプス一万尺」のメロディーに合わせてうたいながら全員で手拍子をし、歩き回ってペアを探します。

2
ペアになって手遊びをしながら唱えます。

手拍子を２回
❶ ①♪クリスマ ②♪トナ ③♪サン

右手を２回合わせる
❷ ①♪スの ②♪カイも ③♪タの

手拍子を２回
❸ ①♪よる ②♪はし ③♪おじ

左手を２回合わせる
❹ ①♪だよ ②♪るよ ③♪さん

ペアを見つけたら、向かい合い、はじめからうたいながら❶〜❹の手遊びを３回します。

替え歌の歌詞
クリスマスの よるだよ
トナカイも はしるよ
サンタの おじさん
プレゼント

3
歌の最後でペアが同じ方向を向いたら、成功です。

かいぐり
❺♪プレゼン

❻♪ト

振り返る

成功▶ハイタッチ

失敗▶初めから

「♪プレゼン」で２人でいっしょにジャンプをして背中合わせになり、かいぐりします。「♪ト」で同時に左右好きな方向に体をねじります。同じ方向を向いたらハイタッチをしてゲーム終了。別の方向を向いてしまったペアは、❶から再びやり直します。繰り返し遊びましょう。

●歌●
「アルプス一万尺」（アメリカ民謡）

さきっちょ

曲に合わせてリズミカルに遊びます。

ねらい

リズミカルに体を動かしながら、友達と触れ合う楽しさを味わう。

〈1番〉

❶♪ひじのさきっちょ

左手で右ひじを指さします。

❷♪ひざのさきっちょ

右手で左ひざを指さします。

❸♪ピタ－ピタ　ピタ－ピタ

右ひじを左ひざにくっ付けます。

❹♪ひじのさきっちょ
……ピタ－ピタ

❶～❸を繰り返します。

❺♪ワンツー　ワンツー
ワンツー　ワンツー

ワン
ツー

右ひじと左ひざをくっ付けたあと、左ひじと右ひざをくっ付けます。２回繰り返します。

〈2番〉

❻♪ひじのさきっちょ

❶と同様にします。

❼♪あなたの　さきっちょ

右腕のひじを出して向かい合って、左手で相手のひじを指さします。

❽♪ピタ－ピタ　ピタ－ピタ

相手と右ひじをくっ付けます。

❾♪あしのさきっちょ

右手で右足を指さします。

❿♪あなたの
……ピタ－ピタ

相手と右足のつま先をくっ付けます。

⓫♪ワンツー　ワンツー
ワンツー　ワンツー

ワンツー
ワンツー

相手と右ひじをくっ付けたあと、右足のつま先をくっ付けます。２回繰り返します。

さきっちょ

（作詞／福田りゅうぞう　作曲／谷口國博）

ひ じ のさ きっちょ ひ ざ のさ きっちょ ピ ター ピタ ピ ター ピタ ひ じ のさ きっちょ
ひ じ のさ きっちょ あ なたの さきっちょ ピ ター ピタ ピ ター ピタ あ し のさ きっちょ
ひ ざ のさ きっちょ ピ ター ピタ ピ ター ピタ
あ なたの さきっちょ ピ ター ピタ ピ ター ピタ
ワン ツー ワン ツー ワン ツー ワン ツー

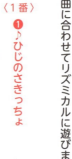

もちつきぺったん

ねらい

昔ながらの伝承遊びを楽しみながら、リズミカルに友達と遊ぶ。

1

お手玉を片手に持ち、「もちつきぺったん」のリズムに合わせて、もちつきをしているように、左右の手で交互に投げます。

もちつきぺったん　（わらべうた　採譜／小磯まゆみ）

ぺったんぺったん　もちつけもちつけ　ぺったんぺったん　もちつけもちつけ　もちついた

♪ぺったん　ぺったん　もちつけ　もちつけ

2

次に、保育者の言葉に合わせて遊びます。

「かみだなにのせて」
「今年もおいしいお米がたくさんとれますように」
「ぽとん」

お手玉を頭の上に載せます。

お手玉を頭の上に載せたまま、手を合わせます。

頭を下げてお手玉を前に落とし、キャッチします。

3

ひと通り遊んだら、2人1組になり、向かい合って遊びましょう。

回れ回れカプセルごま

ねらい
上手に回るように工夫しながら、みんなでこま回しを楽しむ。

1 カプセルの部分を親指と人さし指で挟んで持ち、ひねって回します。

2 ビニールテープでスペースを作り、その中から出ないように回します。

カプセルごまの作り方

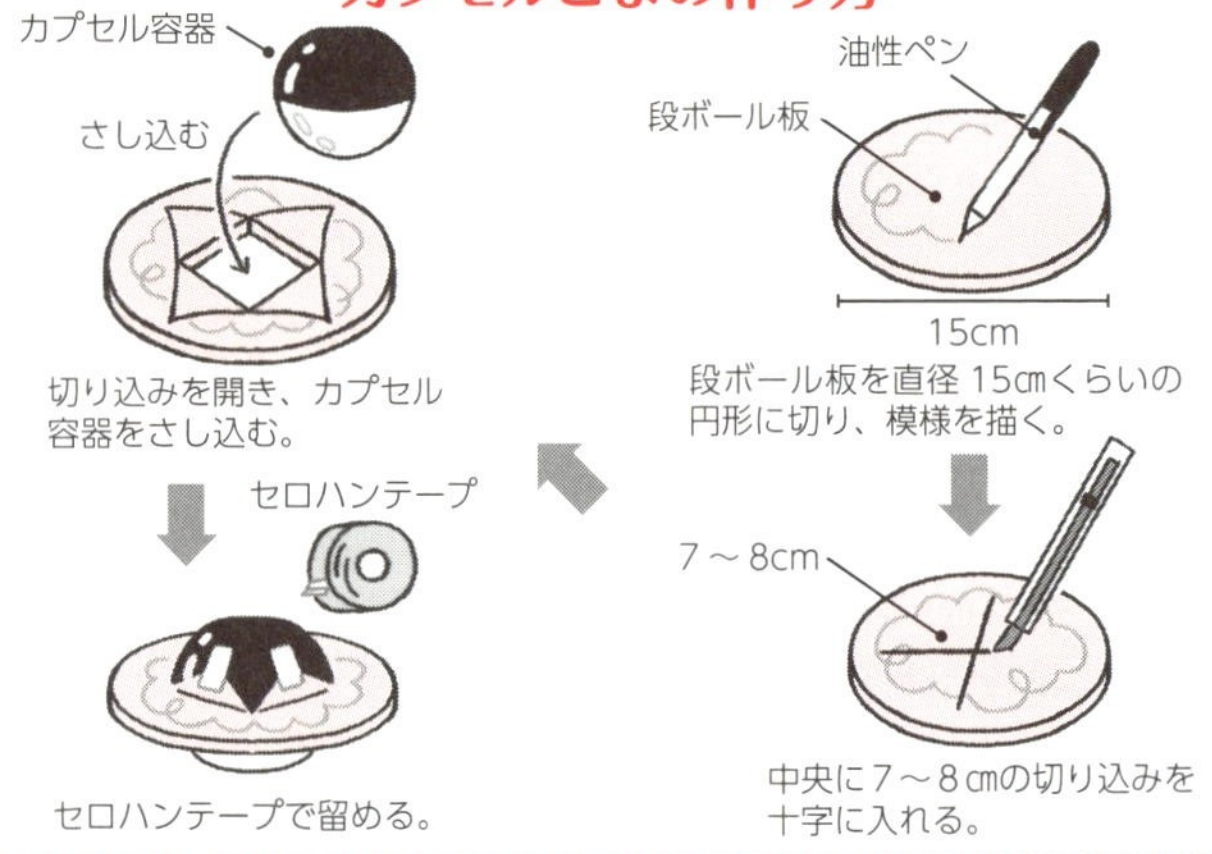

油性ペン
段ボール板
15cm
段ボール板を直径 15㎝くらいの円形に切り、模様を描く。
7～8cm
中央に7～8㎝の切り込みを十字に入れる。
カプセル容器
さし込む
切り込みを開き、カプセル容器をさし込む。
セロハンテープ
セロハンテープで留める。

いちばん長く回っているのは…
がんばれー
あー終わっちゃった

この中で回すのよ
いくよーせーの！

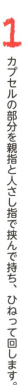

どのもち 食べよ？

ねらい

リズムに合わせて、ポーズを覚え、友達と関わる遊びを楽しむ。

1

リズムに合わせて、全員でポーズの練習をします。

❶♪やきもち

頬を膨らませて両手でタッチします。

❷♪しりもち

お尻にタッチします。

❸♪かがみもち

少しかがみながら、両膝にタッチします。

❹♪もちもち もちもち

手を２回たたきます。

❺♪もーちも

かいぐりをします。

❻♪ち

❶〜❸の３つのポーズの中から１つを選んでそのポーズをします。

2

子どもたちは歩き回り、保育者の合図でペアを作ります。向かい合って歌をうたいながら、最後の「♪ち」で❻のポーズをします。

同じポーズだったら
先生の所へ来てね！
同じだ！
ち
やった！
ち
違った…
ち

どのもち食べよ？ （作詞・作曲／渡辺リカ）

やきもち しりもち かがみもち
もちもち もちもち もーちもち

ドキドキ仮面パーティー

ねらい

遊びの導入として仮面を作ることを楽しみ、その仮面を使ったゲームのドキドキ感を味わう。

1 仮面を作ったら子どもたちを2チームに分けて、先攻・後攻を決めます。

仮面の作り方
画用紙
子どもが
顔を描く。
輪ゴム
切り抜く。

透けない布
後攻チーム
先攻チーム

先攻チームは、布の前に立ち、誰が並んでいるのか確認します。
後攻チームは、保育者が持つ布の後ろに並んで顔を出します。

2 仮面を着けたチームの子の名前を当てていきます。

順番に
当ててね
○○ちゃん
じゃない？
えっと
○○くん！

後攻チームは、しゃがんで布の後ろに隠れ、自分で作った仮面を着けて場所を入れ替わります。保育者の合図で再び顔を出したら、先攻チームは仮面の子が誰なのかを１人ずつ順番に当てていきます。先攻・後攻を交代して遊びます。

寒いお出かけ

ねらい
目的に向けてチームで協力して遊ぶ楽しさを知る。

子どもたちを2チームに分け、それぞれじゃんけん係を3人選びます。他の子どもたちは3人1組でスタートし、相手チームのじゃんけん係と1人ずつじゃんけんをして、ゴールまで進みます。

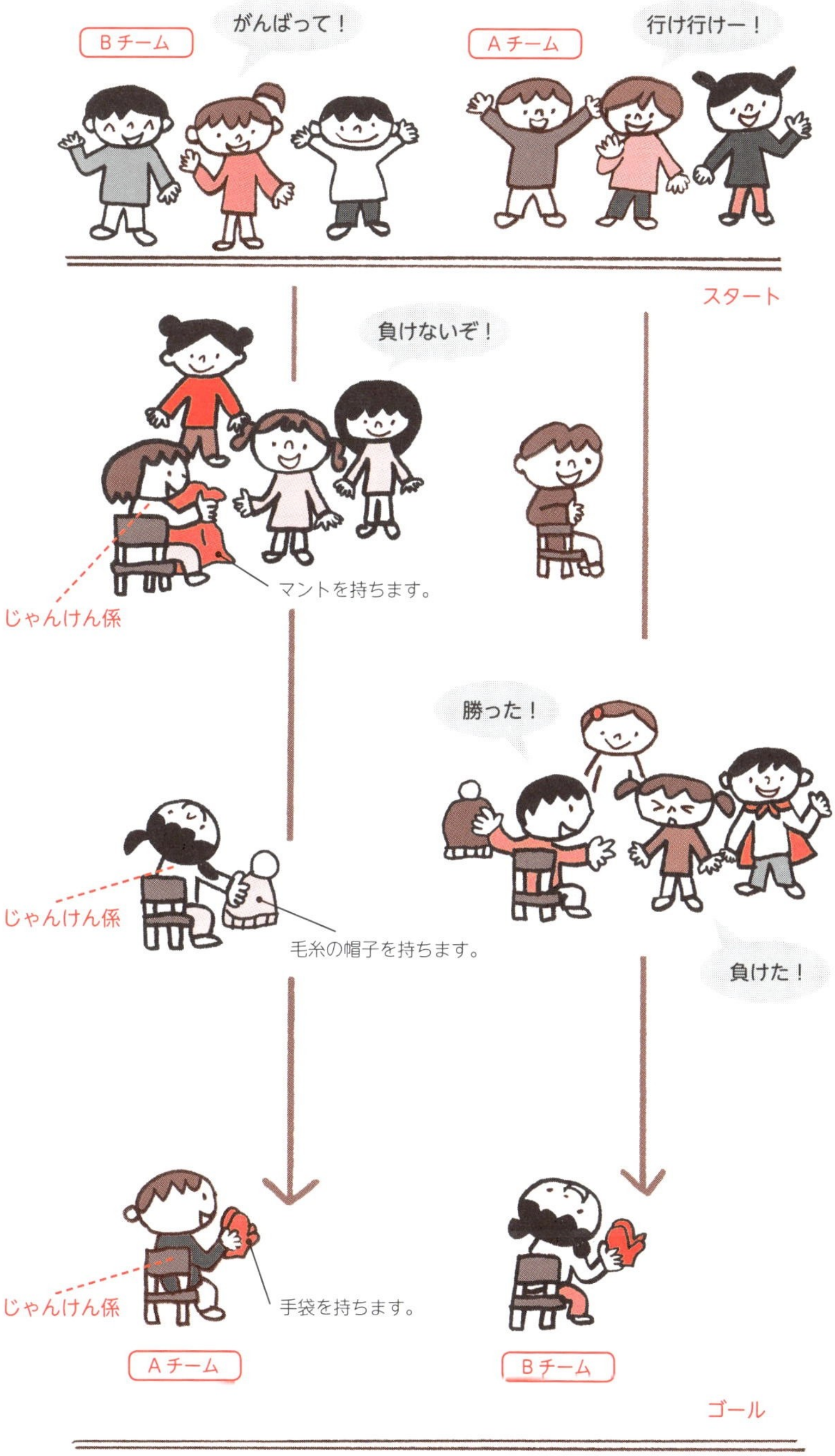
Bチーム
がんばって！
Aチーム
行け行けー！
スタート
負けないぞ！
マントを持ちます。
じゃんけん係
勝った！
じゃんけん係
毛糸の帽子を持ちます。
負けた！
じゃんけん係
手袋を持ちます。
Aチーム
Bチーム
ゴール

じゃんけん係は「マント」「毛糸の帽子」「手袋」を持って椅子に座ります。3人1組で、スタートした子どもたちは1人ずつじゃんけんをし、勝ったらじゃんけん係が持っているアイテムをもらって身に着けます。負けたときになにか身に着けていたらそのアイテムを返してスタートに戻り、バトンタッチ。早くゴールをしたチームの勝ちとして遊びます。

寒さしらずの歌

ねらい

どのようにしたら体が温かくなるのかを考えながら、曲に合わせて動いて遊ぶ。

1

全身でリズムをとりながらうたいます。歌を覚えたら、歌詞に合わせて体が温かくなるような振りをして遊びます。

〈1番〉

♪りょうてをすーりすり……

すり
すり
すりすり

両手をこすり合わせます。

〈2番〉

♪ピョンピョン
ピョーンピョン……

ピョンピョンとジャンプをします。

〈3番〉

♪みんなでギューギュギュギュ……

みんなで抱き合います。

2

ひと通り遊んだら、子どもたちと「他にどうすると温かくなるか」を話し合い、歌詞と振りを創作して遊びましょう。

ハア〜

手のひらに「ハー」と息を吹きかけたりします。

おしくらまんじゅうをしたりします。

さむさしらずのうた

（作詞・作曲／小磯まゆみ）

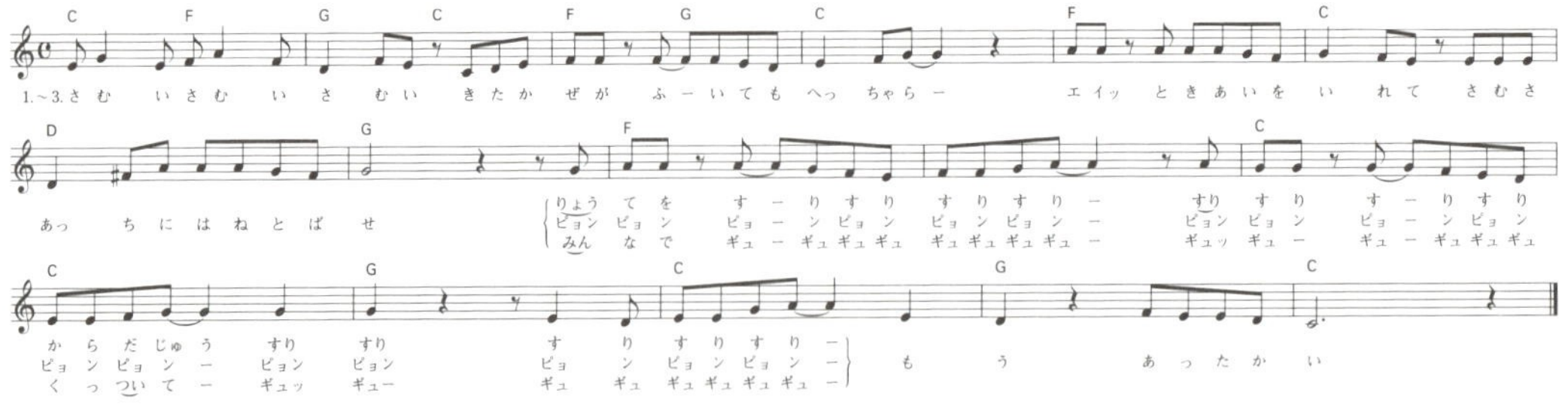

C F G C F G C F C
1.～3. さむい さむい さむい きたかぜが ふーいても へっちゃらー エイッ ときあいを いれて さむさ
D G F C
あっちにはねとばせ
りょうてを すーりすり すりすりー すりすり すーりすり
ピョンピョン ピョーンピョン ピョンピョンー ピョンピョン ピョーンピョン
みんなで ギューギュギュギュ ギュギュギュギュー ギュッギュー ギューギュギュギュ
C G C G C
からだじゅう すり すり すりすりすりー
ピョンピョンー ピョン ピョン ピョンピョンピョンー
くっついてー ギュッ ギュー ギュギュギュギュギュー
もう あったかい

チャレンジサイコロ

ねらい

サイコロを振るドキドキ感を楽しみながら、友達といっしょにお題をクリアする喜びを味わう。

子どもたちを3～4チームに分けて、チームごとにサイコロを振ります。出た目の色のゾーンへ行き、そこに書いてあるお題にチャレンジします。

お題の例

- うさぎさんジャンプを10回
- あっちむいてホイ！
- 新聞紙をどこまで長くちぎれるか競争
- 動物の鳴きまねをしよう
- ボールを10回つけるかな
- カラーゾーンをスキップで2周　など

各カラーゾーンにお題を書いたカードを置きます。
6色のビニールテープを貼り、カラーゾーンを作ります。
お題はなんだろう
黄色はこっちだよ！
赤だ！
段ボール箱の側面に色画用紙を貼って、6色のサイコロにします。
あっちむいてホイ！
お題に必要な道具を置きます。

王様を守って守って！

ねらい

友達と協力し、タッチされない守り方を考えながら、ゲームを楽しむ。

1

円の中央に王様が立ち、みんなでおに（保育者）にタッチされないように守ります。

タッチ
しちゃうぞ
王様
みんなで
王様を守ろう！
タッチ
させないぞ！

長いロープや縄跳びで円を作ります。子どもたちのなかから１人が王様役になり、円の中央に立ちます。

2

少しずつ円を小さくしながら、繰り返し遊びます。

キャー
もう少し
円を小さく
しちゃおう

王様がタッチされたら、他の子が王様役になり、繰り返し遊びます。

おおさむこさむ

ねらい

みんなでいっしょにうたったり、振り付けを楽しんだり、おにごっこのスリル感も味わって遊ぶ。

1

全員で円になり、「おおさむこさむ」の歌に合わせて動きます。保育者が中央に立ちます。

この遊びでは、「さむいといって　ないてきた」の歌詞の部分を、「なんといって　ないてきた」とうたって遊びます。

❶♪おおさむ　こさむ

左側の人の背中を温めるようにこすります。

❷♪やまから　こぞうが　ないてきた

右側の人の背中をこすります。

❸♪なんと

泣くまねをします。

❹♪いって

手を下ろします。

❺♪ないてき

泣くまねをします。

❻♪た

手を下ろします。

❼♪なんと　いって　ないてきた

❸〜❻のポーズを繰り返します。

2

「♪なんと　いって　ないてきた」の歌詞のあとに、保育者が「○○くーん！」と子どもの名前を呼びます。名前を呼ばれた子がおにになり、他の子は一斉に逃げます。

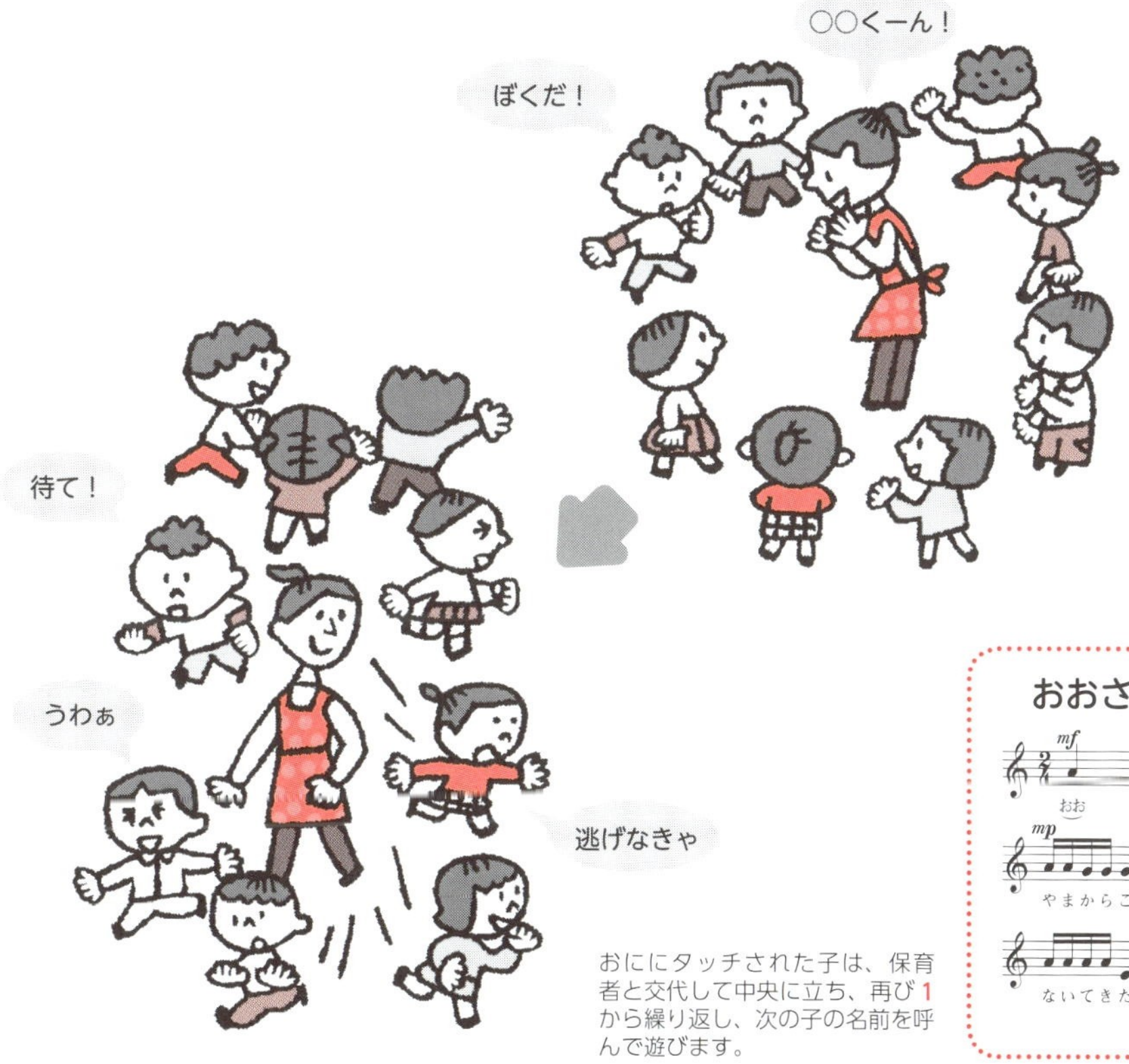

おににタッチされた子は、保育者と交代して中央に立ち、再び1から繰り返し、次の子の名前を呼んで遊びます。

おおさむこさむ　（わらべうた）

2月

おにっていったら

ねらい

歌詞に合わせて体を動かしたり、歌の途中でいろいろ考える遊びを楽しむ。

歌の途中でいろいろ考えながら遊びます。

❶♪ふくはうち　おにもうち
おにっていったら
つのがある

豆まきをしているような動作をします。

❷♪つのがあるものなんだ

腕組みをして、頭を左右に動かし、考えているポーズをします。

●★印のところは、思いついたものを子どもたちに自由に発表してもらいましょう。頃合いを見計らって、歌に戻ります。（2番・3番も同様にします）

パイナップルも
おにの角みたいだね！
サイ！
かたつむり
パイナップル

❸♪つのがあるもの　おにのなかま

リズムに合わせ、手拍子をします。

おにっていったら

（作詞・作曲／蝶間林裕美）

F　C7　B♭　F　G　C　B♭　Gm
1.ふくは うち　おにも うち　おにっていったら　つのが ある　つのーー が あるもの
2.ふくは うち　おにも うち　おにっていったら　もーじゃもじゃ　もーじゃもじゃしてるの
3.ふくは うち　おにも うち　おにっていったら　もーりもり　もーりもりしてるの
C　★　B♭　Gm　C7　F
なんだ　つのーーがあるもの　おにのなか　ま
なんだ　もーじゃもじゃしてるの　おにのなか　ま
なんだ　もーりもりしてるの　おにのなか　ま

つのつのじゃんけん

保育者の「スタート」の合図で、子どもたちは相手を見つけてじゃんけんをします。勝った子は相手からつのを1本もらって帽子に貼ります。

ねらい

たくさんのつのを集めることを目標に、この時期ならではの遊びをみんなでいっしょに楽しむ。

つのつの帽子の作り方

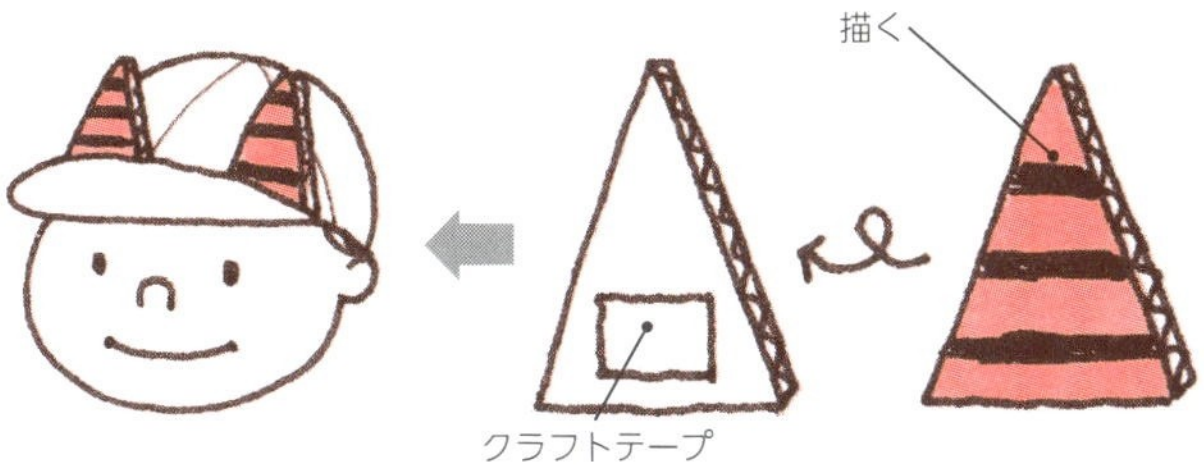
描く
クラフトテープ

カラー帽子につのを
2本貼り付ける。

段ボール板で作ったつのの裏に、
輪にしたクラフトテープを貼る。

全部なくなっちゃった
やった！
4本目だ！
負けたから1本あげるね
誰が一番多く集められるかな？

全てのつのがなくなったら子はアウト。座ります。誰が一番多くつのを集められるか、競って遊びます。

お豆がいっぱい!

ねらい

新聞紙を豆に見立てて投げ合ったり、友達と力を合わせて大きな豆にして、豆まきのイメージ遊びを楽しむ。

1

子どもたちと新聞紙をまるめて豆を作ります。

箱いっぱいに
なるかな?
ぼくもできた!
コロコロ…

2

豆ができあがったら、2チームに分かれて投げ合います。

豆投げ対決!
線のむこうまで
飛ばせるかな?
急げ急げ!
それ!
負けないぞ!

中央をビニールテープで区切ります。制限時間内にどちらのチームが多く、相手の陣地に豆を入れられたか競って遊びます。

3

投げ合った豆を、新聞紙に包んで、大きな豆を作って遊びます。

やったー!

「大きな豆があったらいいね」などと言葉かけして、大きな豆を作ります。新聞紙をクラフトテープで貼り合わせて、大きな新聞紙を作り、そこへ豆を入れて包んで大きな豆にします。みんなで転がして、大玉おくりのように大豆おくりなどをして遊びましょう。

シャチに捕まるな！

ねらい

自分の役割を理解し、追いかけたり逃げたり、友達を助けたりしながら遊ぶ。

1

親ペンギン、シャチ、子ペンギンを決めます。

子ペンギン
帽子の白を表にしてかぶります。
シャチ
親ペンギン
帽子の赤を表にしてかぶります。
ペンギン島
おうち

園庭に棒などでペンギン島とおうちを描き、それぞれの位置に待機します。

2

保育者の「スタート」の合図で、親ペンギンは子ペンギンを助けに行きます。

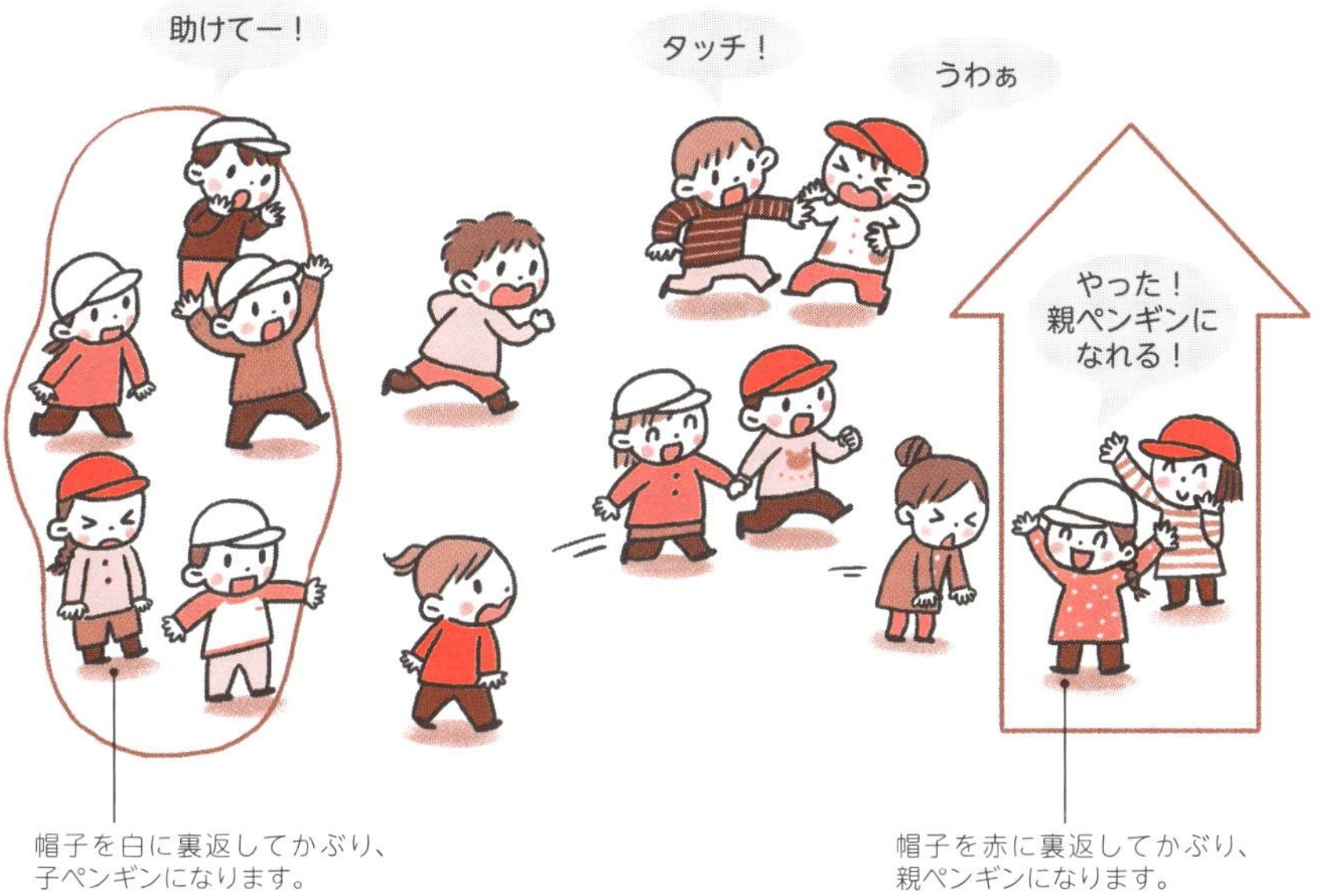
助けてー！
タッチ！
うわぁ
やった！
親ペンギンに
なれる！
帽子を白に裏返してかぶり、
子ペンギンになります。
帽子を赤に裏返してかぶり、
親ペンギンになります。

親ペンギンはシャチにタッチされないように子ペンギンをおうちまで連れて帰ります。タッチされたらペンギン島に入って、別の親ペンギンの助けを待ちます。子ペンギンはおうちに帰ることができたら親ペンギンになり、子ペンギンを助けに行きます。

おでんやさん

おでんを持ちながら、落とさないように長縄を跳びます。

バケツの持ち方は自由です
1、2、3…
うわぁ！
おでん
新聞紙を丸めて、セロハンテープで貼ります。
がんばれー！
落とさないようにね
1、2、3…

ねらい

おでんを落とさないように注意しながら跳ぶことの難しさに挑戦する。

バケツを鍋に見立てて、新聞紙のおでんを５つ入れておきます。10 回跳んで、最終的にバケツに何個おでんが残っているのか、数を競って遊びます。

ワンバウンドキャッチ！

1

ボールを投げる子は、受ける相手の名前を呼び、ワンバウンドで投げます。

はーい！
○○ちゃん！
ビニールテープで
立つ位置を決めておきます。

1人がボールを持ち、投げる相手を決めたら「○○ちゃん！」と名前を呼びます。
名前を呼ばれた子が「はーい！」と返事をしたら、ワンバウンドでボールを投げます。

ねらい

友達が受け取りやすいように力加減や方向を考えながらボールを投げる。

2

ボールを取る子は、自分の場所から動かないようにして、ボールを受け取ります。

ごめんね…

キャッチできなかったときは、他の子がボールを取りに行って渡してあげます。
受け取った子が名前を呼ぶところから繰り返して遊びましょう。

あったためてぶくろ

ねらい

歌に合わせて体を動かすおもしろさや、友達と関わる楽しさを味わう。

1 歌と振りつけを覚えます。まず自分を温めます。

❶ ♪あったためてぶくろ チャチャチャ

♪あっためてぶくろ
♪チャチャチャ

右斜め上に両手を上げて、「♪チャチャチャ」で3回手をたたきます。

❷ ♪あったためてぶくろ チャチャチャ

左斜め上に両手を上げて、3回手をたたきます。

❸ ♪じぶんのほっぺを ホッ！

両手を体の横に広げてから、頬に手を当てます。

❹ ♪あったためてー あったためてー（チャチャチャ）

頬をさすり、「チャチャチャ」と言って手をたたきます。

2 みんなで円になって遊び、今度は友達を温めます。

♪みんなの せなかを ホッ！
隣の子の背中をさすってね！
みんなであったかくな〜れ

1の❸の部位を「♪みんなの」「♪せなか」などに替えて、隣の子の体の一部に手を当ててさすります。どんどん歌詞を替えて、繰り返して遊びましょう。

あったためてぶくろ

（作詞／平川恭子　作曲／北崎圭太）

Am
Dm
あったためーてぶくろ チャチャチャ あったためーてぶくろ チャチャチャ
Em
Am
じぶんのほっぺを ホッ！ あったためてー あったためてー

雪だるまレース

ねらい

友達と力を合わせてチーム対抗で競いながら、体を思い切り動かす。

1

子どもたちを2チームに分けます。各チームの代表3人が雪だるまボールを持って、自分たちの陣地にスタンバイします。

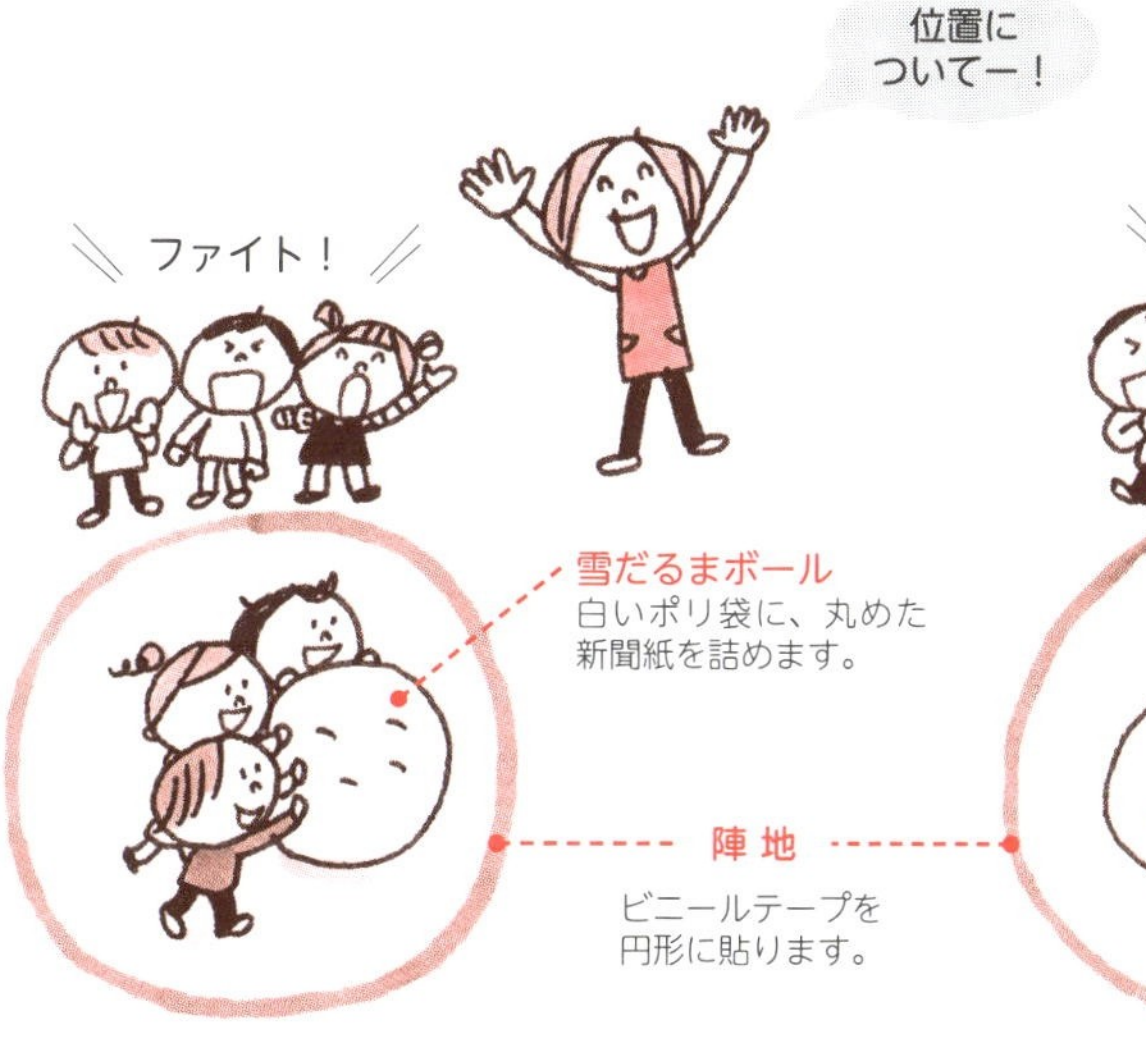
位置について一！
ファイト！
負けるな！
雪だるまボール
白いポリ袋に、丸めた新聞紙を詰めます。
陣地
ビニールテープを円形に貼ります。

2

保育者の合図でチームの代表は雪だるまを転がして相手の陣地を目指します。

相手チームの雪だるまをキックしたり、たたいたりしてはダメよ！
力比べだ！
ぼくが押さえておくよ！
あっ！
お先に一！

相手チームの陣地に先に到達したチームの勝ち。相手チームと雪だるまボールをぶつけたり、押し合ったりして、駆け引きを楽しみます。

2人並んでどんな顔?

「うれしいひなまつり」のうたに合わせて、勝ち抜き戦のにらめっこをして遊びます。

ねらい

行事の歌をモチーフに、友達とにらめっこ遊びを楽しむ。

❶♪おだいりさまと　おひなさま

ペアで向かい合い、「せっせっせ」と同じ要領で１回手をたたいてから相手と手を合わせます。

❷♪ふたり　ならんで

向かい合ったまま、４回拍手をします。

❸♪どんな

両手で顔を隠します。

❹♪かお

両手を開いて、変な顔をします。笑った子が負けとなり、勝った子だけで❶から繰り返します。最後まで残った子がチャンピオンになります。

•歌•
「うれしいひなまつり」（作詞／サトウハチロー　作曲／河村光陽）

じゃんけん ひな祭り

スタートラインからじゃんけんをして進み、おだいりさま、おひなさまを目指します。

ねらい

おだいりさま、おひなさまになるという目標のもと、勝ち続ける緊張感を味わう。

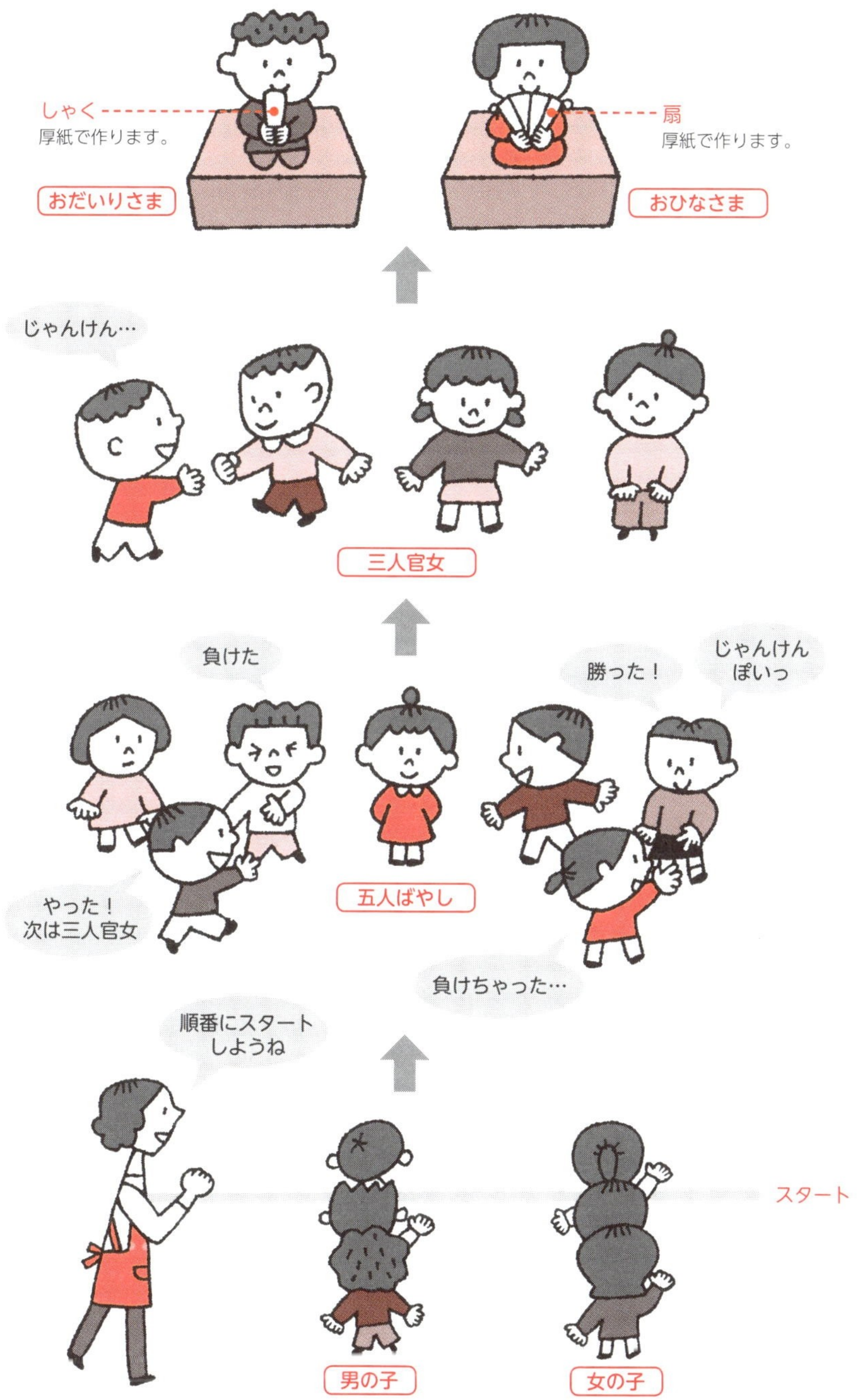
しゃく
厚紙で作ります。
扇
厚紙で作ります。
おだいりさま
おひなさま
じゃんけん…
三人官女
負けた
勝った！
じゃんけん
ぽいっ
やった！
次は三人官女
五人ばやし
負けちゃった…
順番にスタート
しようね
スタート
男の子
女の子

男女別に分かれた子どもたちは、最初に五人ばやしの誰かとじゃんけんをします。勝ったら三人官女とじゃんけんができますが、負けたらスタートに戻って列の最後に並びます。順調に勝ち進んだら、男の子はおだいりさま、女の子はおひなさまとじゃんけんをし、勝ったらしゃくか扇を受け取って、おだいりさまかおひなさまになります。じゃんけんに負けたおだいりさまとおひなさまは、列の最後に並びます。何度か繰り返し遊んだら、役を交代して遊びます。

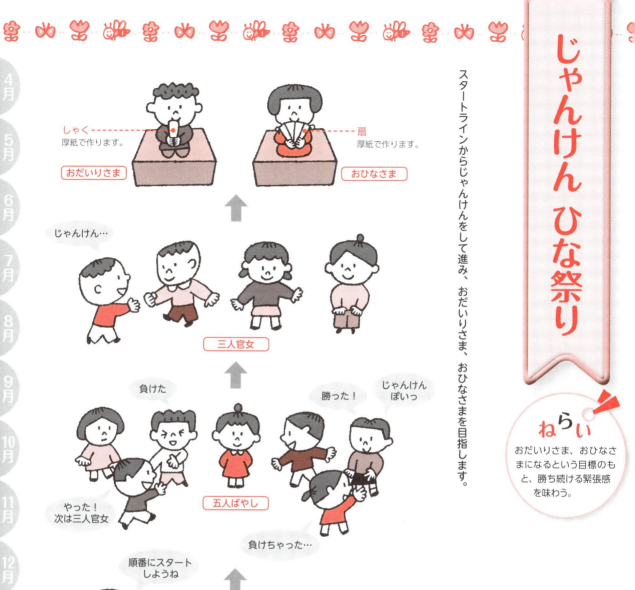

けんけんで発見！

ねらい

どちらの箱に自分の靴が入っているのか考えながら、ケンケンで走り回ることを楽しむ。

1

子どもたちは真ん中に集まります。赤と青の色画用紙を貼った段ボール箱のどちらかに、子どもたちの靴の片方を入れておきます。

よーい！
同じ距離におきます。

2

保育者の合図で子どもたちは赤か青どちらの箱を選び、ケンケンをしながら向かいます。

スタート！
あるかな？
急げ急げ！
やった！
あった！

子どもたちは自分の靴を探し、見つけたらその場で履きます。

3

自分の靴を見つけて履くことができた子は、保育者の元へ戻ります。

○○くん、
間違ってるよ！
えー！

間違えずに一番早く保育者の所に戻ってきた子の勝ちとして、繰り返し遊びます。

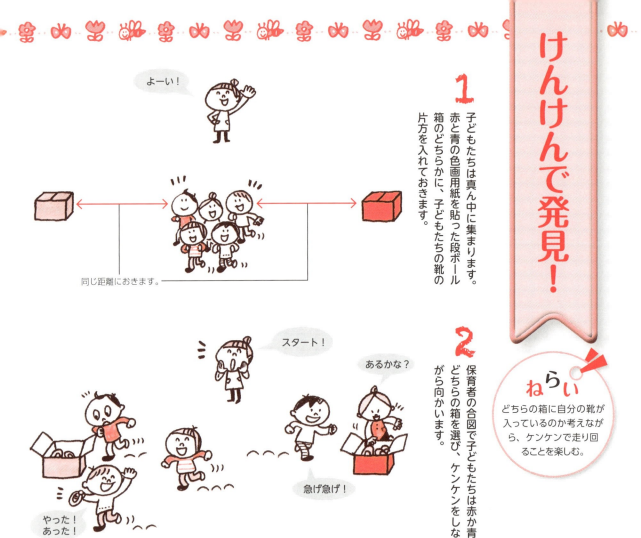

どぼん池におっこちた

1

アーチ役を2人決めて、向かい合って手でアーチを作ります。

アーチ役
アーチ役

他の子どもたちは円になり、歌に合わせてぶたやうしになったつもりで歩き、１人ずつ順番にアーチをくぐり抜けます。

2

「♪どぼ〜ん！」のところで、アーチの２人は手を下ろし、そのタイミングでくぐり抜けようとした子を捕まえます。捕まえたら、アーチ役の子はじゃんけんをします。

♪どぼーん
じゃんけんぽん！

捕まった子は勝った方の腰や肩につかまって、後ろにつながります。

3

アーチ役の後ろになん人かつながったところで、先頭同士が手をつないで引っ張り合いをします。

おっとっと！
よいしょ！

体勢が崩れてしまったり、手を離してしまったチームの負け。アーチ役を交代したりして、繰り返し遊びましょう。

ねらい

歌に合わせてリズムよく遊びながら、捕まってしまうハラハラドキドキ感を味わう。

どぼん池におっこちた

（作詞・作曲／蝶間林裕美）

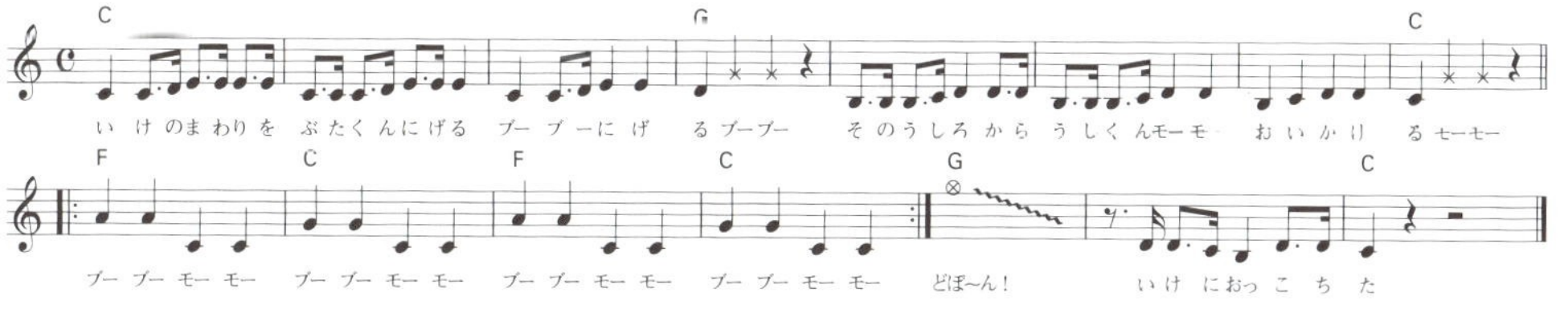
C G C
いけのまわりを ぶたくんにげる ブーブーにげる ブーブー そのうしろから うしくんモーモー おいかける モーモー
F C F C G C
ブーブーモーモー ブーブーモーモー ブーブーモーモー ブーブーモーモー どぼ〜ん！ いけにおっこちた

だるまじゃんけん

ねらい
友達とタイミングを合わせてポーズをとることを楽しみながら、じゃんけんゲームに参加する。

1

2チームに分かれ、全員でポーズの練習をします。

パー
チョキ
グー

手と足を開いて、隣の子と手をつなぎます。

両手を上に伸ばし、片足を上げます。

しゃがみます。

ポーズを覚えたら、チームでどのじゃんけんポーズを出すのかを決め、向かい合って横一列に並びます。

2

Aチームと Bチーム、向き合って並びます。並び終えたら、保育者が、「だるまさん　だるまさん　なにしてる」と唱えます。

だるまさん、だるまさん、
なにしてる
Bチーム
Aチーム
なにして…

保育者が「だるまさん　だるまさん　なにしてる」と唱えたら、子どもたちも「なにして…る！」と唱え、最後の「る」のところでチームで決めたじゃんけんポーズをします。

3

「る」で出したじゃんけんポーズで勝敗を決めます。

A チームの
勝ち
あっ…
○○ちゃん、
グーだよ
Bチーム
Aチーム
る！

グループのなかで、誰かがポーズをまちがえてしまったら、じゃんけんポーズでは勝っていても負けとなります。

くすぐるーれっと

ねらい

歌に合わせて、友達とかかわる楽しさや、おもしろさを実感して遊ぶ。

1

子どもたちを「くすぐる子」と「くすぐられる子」に分けます。二重の円になり、くすぐる子は外側の円で手をつながず反時計回りで、くすぐられる子は内側の円で手をつなぎ、時計回りでうたいながら歩きます。

♪ルーレット
ルーレット
♪ルーレット
ルーレット

2

「♪まわって　とまって　きめた」の歌詞のところで全員止まり、くすぐる子は相手の首やおなか、脇などをくすぐります。くすぐられる子は、くすぐったくてもつないだ手を離さないようにします。

コチョ
コチョ
くすぐったい！
コチョ
コチョ

くすぐられて手を離してしまったら負けとなり、くすぐる子と交代。
繰り返して遊びましょう。

くすぐるーれっと

（作詞／小沢かづと　作曲／犬飼聖二）

C
Am
G
C
Am
ルー　レッ　ト　ルー　レッ　ト　くすぐるるるる　ルー　レッ　ト　ルー　レッ　ト　ルー　レッ　ト
G
C
Am
Em
G7
C
くすぐるところは　{おおわ　なへ～…　かそき}　ルー　レッ　ト　ルー　レッ　ト　まわって　とまって　きめた

ムズムズ

春がやって来るウキウキした気持ちを、歌に合わせて体で表現します。

ねらい
春がやって来るうれしい気持ちを、音楽に合わせてリズミカルに表現し、楽しむ。

❶♪せなかがムズムズ　くすぐったい

2人1組になり、両手の人さし指で相手の背中をつつきます。

❷♪だって　はるがちかいから

交代して、❶と同じように背中をつつきます。

❸♪リュックを…　なっちゃった

相手の肩に両手を載せます。
(2番はおんぶをするまねをします。)

❹♪よいしょ…　よいしょ

❸の体勢のまま2人で歩きます。

ムズムズ

(作詞・作曲／まつも)

C F G C F G
1.~3. せ なか がム ズム ズ く すぐ ったい だ って はるが ち か いか ら
リュー ック を ーしょっ
ランドセル ーしょっ
こ うちゃん おんぶし
C F G C
て えん そく にいきたく なっちゃった
て がっ こう にいきたく なっちゃった
て さ んぽ にいきたく なっちゃった
よい しょ よい しょ よい しょ よい しょ

春が来た！どこに来た！

ねらい
友達と協力して季節にちなんだ当てっこ遊びをし、ドキドキ感を味わう。

1 先攻チームは花を手のひらに隠しながら歌をうたいます。

先攻チームの端の子は片手にお花紙で作った小さな花を載せ、全員で「春が来た」の歌をうたいながら、後攻チームにわからないように隣の子へ花を渡していきます。

2 歌をうたい終えたら、後攻チームは、誰が花を持っているのか推理し、相談して決めます。

保育者が「はるがきた、はるがきた、どこにきた？」と聞いたら、後攻チームは全員で「○○ちゃん！」などと推理した子の名前を呼びます。当たったら後攻チームの勝ち。外れたら先攻チームの勝ちとなります。先攻後攻を交代して遊びます。

•歌•
「春が来た」（文部省唱歌）

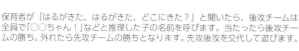

遊び案執筆（50 音順）

あそび工房らいおんバス
今中洋（株式会社ウエルネス）
大村哲平（きのいい羊達スマイルキッズ）
キッズスマイルカンパニー
木村 研（児童文学者、おもちゃ・遊びの研究家）
高崎はるみ（あそび工房らいおんバス）
竹内淳（きのいい羊達スポーツキッズ）
平川恭子（NPO 法人あそび環境 Museum アフタフ・バーバン）
福田りゅうぞう（カエルちゃんオフィス）
山本美聖（関西あそび工房）
りんごの木こどもクラブ
渡辺リカ（アトリエ自遊楽校）

表紙・扉絵	たちのけいこ
本文イラスト	浅羽ピピ、有栖サチコ、うつみのりこ、川添むつみ、たかぎ＊のぶこ、常永美弥、にしだちあき、野田節美、みやれいこ、福々ちえ
カバー・扉デザイン	株式会社リナリマ
本文デザイン・DTP	株式会社フレア
楽譜浄書	株式会社クラフトーン
本文校正	有限会社くすのき舎
編集	西岡育子、田島美穂

まいにち元気！ 4歳児のあそび BOOK

2017 年 2 月　初版第 1 刷発行

編者／ポット編集部

発行人／浅香俊二
発行所／株式会社チャイルド本社
〒 112-8512　東京都文京区小石川 5-24-21
電話／ 03-3813-2141（営業）　03-3813-9445（編集）
振替／ 00100-4-38410
印刷・製本／共同印刷株式会社
ISBN978-4-8054-0243-6
NDC376　24 × 19cm　104P　Printed in Japan
<日本音楽著作権協会（出）許諾第 1612903-601 号>